뜻밖의 우정

뜻밖의 우정

1판 1쇄 발행	2025년 9월 20일
1판 2쇄 발행	2025년 10월 10일

지은이	김달님
발행처	(주)수오서재
발행인	황은희 장건태
책임편집	마선영
편집	최민화 박세연
마케팅	황혜란 안혜인
디자인	권미리

제작	제이오
주소	경기도 파주시 돌곶이길 170-2 (10883)
등록	2018년 10월 4일 (제406-2018-000114호)
전화	031 955 9790
팩스	031 946 9796
전자우편	info@suobooks.com
홈페이지	www.suobooks.com
ISBN	979-11-93238-77-6 (03810) 책값은 뒤표지에 있습니다.

ⓒ김달님, 2025
이 책은 저작권법에 따라 보호받는 저작물이므로 무단전재와 복제를 금합니다.
이 책 내용의 전부 또는 일부를 사용하려면 반드시 저작권자와
수오서재에게 서면동의를 받아야 합니다.

살아 있는 한 우리는 모두 노인이 된다

김달님 지음

뜻밖의 우정

수오서재

일러두기

* 본문 일부는 말맛을 살려 맞춤법을 따르지 않고 인물의 발화 그대로 적었습니다.
* 사생활 보호를 위해 일부는 가명을 사용하였고, 지역이나 배경을 바꾸기도 하였습니다.
* 치매에는 '어리석다'라는 의미가 내포되어 있어 질병에 대한 편견을 유발한다는 지적이 있습니다. 따라서 '인지저하증'이라는 단어로 대체해야 한다는 움직임이 있었고, 2025년 3월 관련 치매관리법 개정안이 발의되기도 했습니다. 책에서는 독자들에게 익숙한 용어를 사용함으로써 이야기의 전달력을 높이기 위해 경우에 따라 '치매'와 '인지저하증'을 혼용하였습니다.

차례

프롤로그 8

1부 누구에게나 삶은 구체적이다

복수담으로 끝나지 않는 이야기 20

정열이가 빠지면 랩이 아니지 28

너무 좋은 날들 40

하나의 우정이 알려준 것 52

히야와 자네 63

끝까지 나로 사는 연습 74

믿는 구석 87

다른 누구도 아닌 미연 97

**** 신은 안 와도 개는 온다 105

2부   우리의 노년을 겹쳐보면서

어떻게 살아야 할까요 *110*

나를 집으로 보내다오 *124*

영신의 하루 *136*

언제까지 사랑할 수 있을까 *144*

나의 일부여서 기쁘다 *152*

일단은 전력투구 *161*

하늘 봐, 별이 진짜 많아 *166*

****   춤을 추게 될 거예요 *174*

3부 서로를 궁금해할 수 있다면,

아는 노인 *182*

나는 잘 지내요 *192*

이곳은 어떤가요 *204*

우리가 만난 이유 *216*

그 많은 노인은 다 어디에 있을까 *229*

아직은 살아볼 만한 세상 *239*

잘하는 사람 *245*

**** 나도 이제 노인이 됐나 봐요 *250*

에필로그 실패담으로만 끝나지 않는 이야기 *252*
부록 우정의 이름으로 *258*
출처 *260*

프롤로그

몇 해 전, 어느 겨울밤이었다. 작가로 참여한 북토크를 마치고 편집자님과 행사장 바깥에서 짧게 안부를 나누고 있을 때였다. 그녀는 마치 깜짝 선물을 건네듯 말했다.

"작가님, 노인에 대한 이야기를 써보시는 건 어때요?"

짐작하지 못했던 제안에 "네? 갑자기 무슨 말씀이세요?" 하고 되물었던 기억이 난다. 당시엔 이미 예정된 다른 책 작업이 있었고, 고민이 많은 평소 성격대로라면 "생각해볼게요"라며 대답을 미루는 게 맞았다. 그런데 왜였을까. 그날 나는 주저함 없이 대답했다.

"그 이야기라면 써보고 싶어요."

그런 확신을 갖는 건 내게 흔하지 않은 일이었다.

그럴 수 있었던 이유는, 아마도 내게 '노인'이라는 존재가 익숙해서였을 것이다. 태어나 줄곧 할머니, 할아버지 손에서 자란 나는 자연스럽게 그들과 함께하는 삶이 곧 나의 삶이라고 여겨왔다. 그 믿음은 두 사람이 세상을 떠난 지금까지도 여전히 유효하다. 할머니와 할아버지는 내가 살면서 가장 가까이에서 지켜본 타인이자, 오랫동안 이해해보고 싶었던 타인. 나의 어쩔 수 없는 약함과 슬픔, 세상을 바라보는 눈빛에 가장 깊은 영향을 준 사람들이었다. 나는 그들과 함께 보낸 한 시절을 《나의 두 사람》이라는 첫 산문집에 적었고, 이후에 펴낸 책들에도 꾸준히 할머니, 할아버지의 이야기를 써왔다. 두 사람을 빼놓고는 내 삶을 제대로 설명할 수 없어서였다. 그래서였을 것이다. 내게 노인은 언제나 낯설고 먼 존재가 아니었다. 나는 다른 노인들을 마주할 때도, 할머니와 할아버지를 보듯 바라보곤 했다.

그렇지만 내가 노년 세대를 친숙하게 느끼고, 그들에게 스스럼없이 다가서는 모습이 누군가에겐 신기하게 비춰질 수 있다고는 생각하지 못했다. 성인이 된 뒤 새로 사귄 친구들은 종종 이렇게 묻곤 했다.

"너는 어떻게 그렇게 자연스러워?"

처음 보는 노인들에게도 웃으며 말을 걸고, 아무렇지 않게 그들의 옆자리에 앉고, 때로는 손을 잡고 포옹하는 내 모습을 보고서였다. 길을 걷다 무언가에 시선을 빼앗기기라도 하면, 함께 걷던 이들은 이런 상황이 익숙하다는 듯이 말했다.

"너 또 할머니(할아버지) 보는구나."

가만 생각해보면 마음 깊이 좋아하는 영화와 드라마, 책 속에도 언제나 노인들이 있었다.

문득 나는 깨달았다. 유독 노인들에게 시선이 머무는 마음, 그들이 등장하는 이야기 앞에서 속절없이 약해지고 환해지는 마음은 오랜 시간 동안 길러진, 나의 고유한 감수성이었다. 어쩌면 그것은 누군가의 타고난 운동 신경처럼, 음감이나 미감처럼, 내 안에서 예민하게 발달한 감각 중 하나일지도 몰랐다. 그래서 쓸 수 있다고 생각했던 것이다. 나에게 그들이 익숙하니까. 무엇보다 내가 그들을 좋아하니까.

하지만 몇 해가 흘러 '노인 이야기'를 써보겠다며 노트북을 펼쳤을 때, 그제야 그때의 확신이 얼마나 오만했는지를 알 수 있었다. 집에서 멀리 떠나온 후에야 뒤늦게 중요한 무언가를 두고 왔다는 걸 깨달은 사람처럼, 나는 아주 근원적인 질문에서부터 막막함을 느꼈다.

"노인 이야기란 무엇인가?"

빈 화면에 그 질문을 적고 나니, 언젠가 긴 비행 끝에 도착한 낯선 공항의 터미널에서 길을 헤매던 기억이 떠올랐다. 내가 원하는 곳으로 가려면 어느 쪽으로, 어떻게 움직여야 하는 걸까. 언어조차 낯선 곳에서 방향 감각을 잃은 기분이었다. 그래서 질문을 바꿔보기로 했다. 30대 후반의 여성인 나. 아직은 노인이 되어본 적도, 되어볼 수도 없는 나. 그런 나는 "왜 노인들의 이야기를 쓰고 싶은가?" 여기에서부터 다시 시작해보고 싶었다.

나는 다른 노년의 삶이 궁금했다.

그건 아직 살아보지 않은 생의 시기를 향한 순전한 호기심이었다. 이따금 할머니와 할아버지 삶을 헤아려볼 때면, 그 많은 일을 겪고도 끝내 '사는 일'을 놓지 않았다는 사실이 경이롭게 느껴졌다. 그 경이로움은 내 시선을 다른 삶으로도 이끌었다. 길을 걷다 보면 서로 다른 노인들의 모습이 눈에 들어왔다. 공공일자리 조끼를 입고 거리를 청소하는 노인, 백발의 아내를 휠체어에 태우고 산책하는 노인, 지하도 입구에서 과일을 파는 노인, 카페 야외 자리에 앉아 책을 읽는 노인, 벤치에 앉아 사람들을 구경하는 노인…. 그들에게 시선이 붙잡히면, 마음속에 어김없이 하나의 질문이 떠올랐다.

"당신은 어떤 삶을 살아오셨나요?"

그리고 그 질문은 조용히 다음으로 이어졌다. 요즘 당신의 하루는 어떻게 시작되고 어떻게 끝이 나나요. 그사이 어떤 기쁨과 슬픔, 놀라움과 두려움이 함께하나요. 당신이 사랑하는 누군가가 여전히 곁에 있나요. 어떤 일을 소중하게 여기고 무엇을 기대하며 살아가고 있나요. 그런 당신이 끝내 이해하게 된 삶의 의미는 무엇인가요. 그 질문들은 결국, 나의 노년을 상상할 때 가장 궁금해지는 물음이기도 했다.

나는 나의 노년을 그려보고 싶었다.

우리가 늘 잊고 살아가는 진실 하나. 누구에게나 삶은 유한하고, 살아 있는 한 우리는 모두 노인이 된다. 하지만 평범하게 흘러가는 하루 속에선 죽음을 떠올리기 어려운 것처럼, 우리가 '늙어감의 당사자'[1]라는 사실 또한 좀처럼 실감되지 않는다. 노년은 언제나 저만치 먼 이야기처럼 여겨지고, 대체로 노년은 상실과 죽음을 떠올리게 하는 어두운 주제다. 제대로 들여다보기 전에 스스로 눈길을 거두게 되는 두려움이다. 그러나 인터뷰로 만난 여든셋의 한 선생님이 들려준 말처럼, 노년이 그저 죽음을 향해 가는 날들이 아니라 "나 자신으로 끝까지 살아가는 날들"이라면, 언젠가 맞이할 나의 노년 또한 구체적으로 그려보고 싶어졌다. 다가올 날들에 내가 헤아려본 어둠과 빛이 함께 있기를, 어둠 속에서도 헤매지 않을 손전등을 얻길 바랐다.

하지만 노년을 상상하는 일은 쉽지 않았다.

참고할 만한 노년의 이야기가 희소했기 때문이었다. 여러 콘텐츠에서 다루는 노인의 모습은 몇몇 예외를 제외하곤 여전히 납작했고, 뉴스에서 다루는 노년의 현실은 대체로 불안하고 우울했다. 그 또한 우리가 분명히 알아야 할 현실이라고 하더라도, 노인의 존재를 사회의 문제점으로만 바라보지 않는 또 다른 시선을 갖고 싶었다. 그 시선이 훗날 나의 노년에도 닿길 바랐다. 생각해보면 의아한 일이었다. 모두 다른 사람이, 각기 다른 생을 겪으며, 저마다 다른 노인이 되는 것일 텐데. 우리가 접하는 노년의 이야기는 왜 이토록 협소한 걸까? 나는 내가 모르는 다른 노년의 얼굴들을 보고 싶었다. 그들의 다채로운 노년에 나의 미래를 겹쳐보고 싶었다. 그렇게 나의 '소중하고 유일무이한 노년'[2]을 기대해보고 싶었다. 어린 시절엔 스무 살이 되면 어떤 어른으로 살아가고 싶은지 그려보는 일이 당연했던 것처럼.

그래서 노인들을 만나보기로 했다.

내가 궁금해하는 것들은 오직 그들만이 알려줄 수 있었으므로. 하지만 어떻게 만나야 할지 몰랐던 나는 일단 '노인이 있는 곳'으로 무작정 찾아가기 시작했다. 노인복지관, 경로당, 요양시설, 평생학습시설, 동네 공원, 거리 곳곳, 때로는 그들의 집까지. 특별한 누군가를 찾겠다는 마음보다는, 오늘도 나를 스쳐 갔을 법한 얼굴들을 더 자세히 보고 싶었다. 어떤 날엔 자원봉사자와 선생님으로, 어떤 날엔 동네 이웃으로, 대부분의 날에는 작가로 그들의 일상을 지켜보며 이야기를 나눴다. 아침마다 '오늘은 어떤 이야기를 들을 수 있을까?' 기대하며 집을 나섰고, 만나고 싶은 이들이 있는 곳은 어디라도 향했다. 헤맨 만큼 자기 땅이 된다는 말처럼, 나의 한계를 조금씩 넓혀가며 '노년이라는 세계'를 탐구한 날들이었다. 그러는 동안 많이 웃고,

때론 울고, 무엇보다 자주 감탄하며 내 안에 스며든 이야기를, 노년이 낯설고도 새롭게 다가오는 순간을 담아보려 노력했다.

그 시간 속에서 내가 얻은 것은 이야기만이 아니었다. 지난 1년 동안, 만남과 대화를 거듭하며 가까워진 이들이 있었다. 하루는 글쓰기 수업으로 인연을 맺은 여든 살 윤자님과 동네 카페에서 핫초코를 마시던 때였다. 요즘엔 성당에서 기도를 드릴 때도 자연스레 내 행복을 빌게 된다는 그녀에게 농담하듯 물었다.

"윤자님과 저는 어떤 사이일까요?"

잠시 생각에 잠긴 그녀는 이내 웃으며 말했다.

"인간적인 우정을 나눈 사이죠."

그랬다. 처음엔 미처 깨닫지 못했지만 내가 그들을 궁금해하며 다가섰던 마음도, 그들이 기꺼이 곁을 내어주던 마음도, 돌아보면 모두 하나의 우정이었다. "이야기를 나누고 싶다"라고 말하면 "내 이야기를 들어서 뭐할 거냐"라고 손사래 치면서도, 결국 자신의 삶 구석구석을 들려주던 이들. 배가 고프지 않다고 해도 일단 밥을 먹이고 빵을 쥐여주며 마음껏 이야기를 쓰라고 허락해준 이들. 이른 아침부터 '월요일엔 월래 웃고, 화요일은 화창하게 웃고…' 같은 메시지와 함께 안부를 전해주던 이들 덕분에 많은 글을 쓸 수 있었다. 그러므로 이 책은 개인적으로 노년을 탐구한 여정이자, 내 삶에서 처음 겪어본 '뜻밖의 우정'을 나눈 기록이다.

지금 내가 가장 좋아하는 이야기를 당신께 드린다.

1부

누구에게나

삶은

구체적이다

복수담으로 끝나지 않는 이야기

권순자 선생님을 처음 만난 건 3년 전, 2022년 겨울이었다. 당시 예순일곱의 나이에 '국내 여성 최고령 검도 6단'을 취득한 선생님을 기사로 소개하고 싶어 인터뷰를 요청드렸다. 퇴근 후 저녁마다 한 검도장에서 수련하신다는 말을 듣고, 그녀가 알려준 곳으로 찾아갔다. 건물 바깥까지 울려 퍼지는 기합 소리를 따라 도장 안으로 들어섰을 때, 예닐곱 명의 아이들 사이에서 한 성인 수련생이 힘차게 죽도를 내리치는 모습이 눈에 들어왔다. 곧이어 그녀는 자신보다 체구가 훨씬 큰 남자 스승과의 대련에도 물러섬 없이 맞섰다. 죽도를 쥔 다부진 손, 꼿꼿

한 등과 허리, 기개가 느껴지는 기합 소리. 그것이 내가 기억하는 권순자 선생님의 첫인상이었다.

그녀가 검도를 시작한 것은 마흔 즈음이라고 했다. 기댈 구석 하나 없는 세상에서, 스스로 자신을 지키는 힘을 기르고 싶어서였다. 어린 시절, 그녀의 어머니는 딸에게 말했다. 너는 하얀 호랑이 태몽을 안고 태어났다고. 꿈에서 집채만 한 백호 한 마리가 달려들기에 너무 무서워 두 번을 밀쳐냈는데, 그 바람에 네가 아들이 아니라 딸로 태어났다고. 조금 더 자란 후엔 어느 무당에게서 평생 사주가 사나울 거라는 소리를 들었다. 남자로 살았으면 큰 인물이 됐겠지만, 재수 없게 여자로 태어나 누릴 복이 없다며. 그 말은 예언처럼 때론 저주처럼 그녀의 인생을 따라다녔다. 세상이 유독 자신에게만 모진 것 같을 때면, 그녀는 타고난 운명을 원망하곤 했다. 내가 정말 여자로 태어난 게 잘못이었나 보다, 하고.

살면서 그녀가 겪은 고난은 여기에 다 적을 수 없을 만큼 혹독했다. 사는 게 얼마나 무섭고 잔인했던지, 그녀는 그 누구도 자신과 같은 삶을 살지 않기를 바란다고 말했다. 스물일곱에 남편 없이 혼자서 갓난아이를 키워야 했을 땐 사방이 온통 깊은 낭떠러지 같았다. 도와줄 가족도 기댈 친구도 없어, 그녀는 자신의 몸으로 돈을 벌 수 있는 일이라면 뭐든 다 했다. 온갖 식당을 전전하며 허드렛일을 했고, 궂은 청소 일도 마다하지 않았다. 일하느라 손톱이 다 닳아버리고 늘 남의 옷을 얻어 입었지만, 돈을 버는 데 있어선 조금도 죄짓는 일 없이 떳떳하게 살았다. 그 꼿꼿한 자존이 끝내 그녀를 부러뜨리지 않았다.

그런 세월을 10여 년을 보내고 마흔이 되었을 때, 그녀에게도 자신을 위해 무언가를 해볼 여유가 생겼다. 그녀는 그 여유를 자신의 몸을 단련하는 데 쓰기로 했다. 다시는 여자라는 이유로, 약하다는 이유로 나쁜 일을 당하고 싶지 않았다. 한 달 회비 5만 원을 손에 쥐고 처음 검도장을 찾던 날을, 그녀는 또렷이 기억하고 있다. 문 바깥까지 흘러나오던 우렁찬 기합 소리. 문을 열자마자 훅 끼쳐오던 열기. 땀에 젖은 도복 냄새. "검도를 배우고 싶어서 왔다"라는 말에 그 안에 있던 모든 남자의 시선이 그녀를 향했다. 1990년대 초반. 아직은 여성이 검도를 배우는 일이 낯설던 시절이었다. 그래서 처음엔 다들 말했다. 한 달이면 그만둘 거라고. 여자가 무슨 검도를 하느냐고. 그렇게 말했던 이들은 알고 있을까. 그녀가 어느덧 일흔이 된 지금까지, 30년을 매일 같이 검도를 놓지 않았다는 사실을.

"일이 아무리 고된 날에도 하루도 빠짐없이 도장에 갔어요. 그게 나한테는 죽지 말고 살자는 다짐이고 수련이었으니까. 두

꺼운 도복에 무거운 호구를 쓰고 미친 듯이 죽도를 내리치고 나면, 몸은 힘들어도 마음은 견딜 만해졌어요. 안 그랬으면 못 버텼을 거예요."

그녀가 검도를 하며 가장 진지해지는 순간은 역시 대련할 때다. 호구를 착용하고 상대와 마주 선 순간에는 그가 남자든 여자든, 나이가 많든 적든 대등한 사람이 된다는 점이 좋았다. 그건 상대방도 마찬가지였다. 서로 봐주지 않겠다는 마음으로 오직 자신의 대련에 몰입하는 것. 그 몰입이야말로 그녀를 강하게도, 자유롭게도 했다.

2000년대 초, 오십이 된 그녀가 빚을 갚기 위해 남자들도 기피하는 호이스트(건설용 리프트)에 올라탈 수 있었던 것도, 스스로 검도인이라고 되뇌었기 때문이다.

'나는 검도인이다. 나는 검을 다루는 사람이다.'

그 말이 시시때때로 구명줄이 되어주었다. 그녀의 역할은 용접기술자나 인부들을 태우고 건설 현장을 오르내리는 호이스트를 운전하는 일이었다. 가장 두려웠던 때는 바다 물밑 20미터, 높이 164미터에 달하는 마창대교 건설에 참여했을 때였다. "올라가선 절대 밑을 보지 말라"라는 말을 어기고 까마득한 검은 바다를 내려다봤을 땐 오금이 저리고 다리에 힘이 풀렸다. 가끔 호이스트 줄이 바람에 감겨 공중에 매달려 있을 때는 매서운 바람 소리가 귀신 울음소리처럼 들렸다. 시린 겨울바람에 손가락 마디마디가 얼어가는 순간에도 그녀는 자신을 지켜줄 기도를 외웠다.

'나는 검도인이다. 나는 검을 다루는 사람이다.'

사실 그녀는 예순일곱 살에 검도 6단을 취득하기 전에도, 이미 자랑스러운 성취 하나를 이뤄냈다. 2012년 쉰 후반의 나이에 사범 자격증시험에 도전해 합격한 것이다. 여섯 번을 낙방하고 일곱 번의 도전 만에, 그해 경남에서는 유일한 합격자로 이름을 남겼다. 그러고는 곧바로 6년 후에 치를 수 있는 6단 승단 시험을 목표로 삼았다. 또다시 긴 수련이 필요한 일이었지만, 물러서고 싶은 마음은 없었다. 그녀는 자신의 실력으로 사범 자격까지 갖추게 되었음에도, 6단 승단이라는 어려운 목표를 앞두고 기본기부터 다시 익혔다. 마치 검도를 새로 시작하는 사람처럼 주말과 휴일에도 쉬지 않고 수련에 매진했다. 그녀에게 도달하고 싶은 다음을 꿈꾸는 일은, 평생 사나울 거라 여겨온 자신의 운명에 기대를 걸어보는 일이었다. 타고난 대로만 흘러가지 않는 삶. 내가 응시하는 쪽으로 삶이 조금씩 움직인다는 실감. 그것이 그녀를 계속 나아가게 했다.

2022년 10월, 6단 승단 심사 당일. 대련에서 그녀는 자신보다 젊은 상대에게 기죽지 않으려 어느 때보다 기합 소리를 크게 냈다. 호구를 쓰고 있는 한, 상대는 그녀의 정확한 나이를 알 수 없을 터였다. 긴장감이 흐르는 심사장에서 죽도를 쥐고 상대를 매섭게 주시하는, 늠름하고 단단한 예순일곱 살 여성의 모습을 떠올렸다. 앞으로는 어떤 나이에도 늠름하고 단단하다는 형용사를 써도 된다고 그녀가 내게 허락해준 것 같았다. 그녀는 엄격한 연격 심사와 팽팽한 대련을 마치고 심사위원들로부터 합격 판정을 받았다. 후련한 마음으로 축축해진 호구를 벗었을 때, 그녀의 나이를 알아챈 관중석에서 놀라움 섞인 환호와 박수를 보냈다. 그녀 인생에서 그렇게 큰 박수를 받은 건, 그날이 처음이었다.

'국내 여성 최고령 검도 6단'이라는 타이틀은 언론의 주목을 받기 좋았다. 3년 전, 인터뷰를 요청했던 나를 포함해서 말이다. 이후로 그녀는 몇 차례에 걸쳐 여러 신문과 방송에도 소개됐다. 특히 올해 초 전국 방송을 타면서 부쩍 축하 전화를 많이 받았다. 축하합니다. 축하해. 진영 엄마 너무 멋지다. 정말 잘 살았다. 오랜 단골이었던 추어탕집을 찾은 날엔 사장님이 정말 대단하다는 말과 함께 추어탕 2인분을 서비스로 포장해주었다. 그녀는 그 모든 말을 하나하나 가슴에 새겼다. 축하라는 꽃밭 속에서, 자신이 가장 싱그럽게 핀 꽃이 된 것만 같았다.

3년 만에 다시 인터뷰를 하고 싶다며 자신을 찾아온 나에게 그녀는 웃으면서 말했다. 이제 와서 돌아보니, 마치 자신의 인생에 복수를 한 기분이 든다고.

"복수요?"

"그럼요. 복수죠. 사는 내내 재수 없을 거란 말만 듣던 인생이었는데, 내 힘으로 내가 원하는 걸 이뤘잖아요. 결국엔 잘 살았다고 축하받는 사람이 됐잖아요. 그러니 내 인생에 보란 듯이 복수를 한 거죠. 이보다 더 좋은 복수가 어디 있나요."

　복수라는 말을 들을 줄 몰랐던 탓에 나는 티가 나게 놀라고 말았다. 그렇구나. 세상엔 이런 복수도 있구나. 이제는 대통령도 부자도 부럽지 않다고 말하는 그녀의 얼굴에서, 한 번도 본 적 없는 하얀 호랑이의 얼굴이 겹치는 듯했다. 용맹한 얼굴. 기세등등한 얼굴. 위엄이 서린 얼굴. 나는 물었다. 그렇다면 선생님의 70년 인생은 긴 복수담인 거냐고. 그건 아니라고, 그녀는 고개를 저었다. 그토록 치열하게 살아온 자신의 삶이 단지 복수담으로만 읽히는 건 원하지 않는다고. 그동안 나를 지키겠단 마음으로 살아온 것이지. 평생을 복수하겠다고 살아온 건 아니었다며.

"남은 인생은 마음 편하게, 나보다 어려운 사람들에게 베풀면서 살고 싶어요. 비록 나 젊을 땐 남들 도움 하나 못 받았지만, 무시받고 외면당했지만, 나는 그렇게 살고 싶지 않거든요. 이젠 과일이 다섯 개 있으면 그중 때깔 좋은 세 개는 따로 챙겨 놔요. 우리 동네에 혼자 사는 노인들이 많거든요. 그분들 챙겨 드리면 마음이 그렇게 좋아요. 이것도 인생에 대한 용서라면 용서랄까. 이제는 그렇게 살아보려고요."

일흔이 된 그녀는 여전히 평일 저녁이면 검도장을 찾는다. 30년 동안 그래왔듯, 죽도를 손에 쥘 땐 매번 경건한 마음을 갖는다. 근래엔 무릎 통증이 심해져 이전처럼 죽기 살기로 수련하기는 어려워졌다. 7단에 도전하고 싶은 마음은 있지만 이제는 욕심을 내려놓고 삶이 흘러가는 대로 맡겨보려 한다. 그저 내 몸이 무리하지 않는 만큼만 최선을 다하기. 내 것을 남에게 나눠주는 일에 더 많은 마음을 쓰기. 이것이 지금 그녀가 바라는, 앞으로 이어질 이야기의 줄거리다. 인생이 정말 한 편의 이야기라면, 그녀는 그 이야기를 자신이 바라는 방향으로 다시 써내려간 사람이다. 그것이 내내 그녀를 강하게도, 자유롭게도 했다. 그녀는 더 이상 자신의 삶을 원망하지 않는다. 세상이 나에게만 모질게 굴지 않는다는 사실도 이제는 이해할 수 있다. 그리고 그녀를 오랫동안 괴롭혔던 생각, '내가 여자로 태어난 게 잘못인 것 같다'라고 자책하던 날들도 이제는, 그녀의 것이 아니다.

정열이가 빠지면 랩이 아니지

SNS에서 눈길을 끄는 기사 하나를 보았다. 〈평균 연령 85세 힙합 그룹, 수니와 칠공주 새 멤버 오디션〉이라는 제목이었다. 평균 연령 85세와 힙합 그룹이라는 말이 나란히 붙어 있다는 것만으로도 충분히 궁금했는데, 새 멤버를 뽑는 오디션이라니. 곧장 기사 링크를 클릭했다. 가장 먼저 눈에 들어온 건 품이 넉넉한 맨투맨에 스냅백 모자, 흰 파마머리에 반다나를 두른 할머니들의 사진이었다. 맙소사. 이렇게 귀여울 수가. 이들의 사연을 알고 싶어 빠르게 화면을 쓸어내렸다.

'수니와 칠공주'는 경북 칠곡군 지천면에 사는 할머니들로 구성된 세계 최고령 래퍼 그룹이다. '수니와 칠공주'가 많은 관심과 사랑을 받는 데에는 그들의 나이가 주는 놀라움도 있지만, 무엇보다 할머니들이 직접 쓴 가사에 담긴 진솔한 사연의 힘이 크다. 사실 '수니와 칠공주' 멤버들은 약 10년 전 성인문해교육 과정을 통해 뒤늦은 한글 공부를 함께한 동료들이다. 이들은 일흔과 여든의 나이에 평생의 한이었던 한글을 깨쳤고, 그렇게 익힌 한글로 세상을 다시 읽기 시작했다. 버스 노선과 식당 메뉴판을 보는 일도 재미나게 다가왔고, 시장과 병원에 갈 때도 전에 없이 어깨가 쭉 펴졌다. 다시 태어난다면 꼭 이런 기분일 것 같았다.

  그런 그들이 듣도 보도 못한 랩에 도전하게 된 건 2022년 여름, 한글교실의 학예회 장기자랑을 준비하면서였다. 리더인 박점순 할머니가 우연히 한 힙합 가수의 랩 공연 영상을 보고 난 후, 이 정도면 나도 할 수 있겠다는 자신감을 보였고 다른 멤버들도 덩달아 오케이를 한 것이다. 젊은 사람들처럼 빠르게 하지는 못해도, 내 이야기를 진솔하게 털어놓는 게 랩이라면 그것만큼은 누구보다 자신 있었다. 그렇게 결성된 '수니와 칠공주'는 이후 자신들의 이야기를 담은 자작 랩◆⟨환장하지⟩, ⟨나는 학생이야⟩ 등을 선보이며 전국의 여러 초청 무대에 올랐다.

꿈도 못 꿔봤던 〈아침마당〉과 〈인간극장〉에도 출연했고, '랩하는 K-할매'로 불리며 주요 외신의 주목을 받기도 했다. 그룹의 리더인 84세 박점순 할머니는 한 인터뷰에서 이렇게 말했다.

"여든이 넘은 인생 황혼기에 처음으로 황금기를 맞는 것 같아요."

그 누가 할머니의 전성기가 지금부터라는 걸 알 수 있었을까. 힌트도 없이. 예고도 없이. 그러니 인생은 끝까지 살아봐야 안다고 말하는 것일까.

농번기보다 바쁜 나날을 보내던 '수니와 칠공주'가 새 멤버를 찾는 이유는 하나였다. 몇 달 전, 혈액암 투병 끝에 별세한 원년 멤버 서무석 할머니의 빈자리를 채우기 위해서다. 오디션을 알리는 기사에는 참가자의 평균 연령이 77.5세, 경쟁률은 무려 6대 1에 달한다고 했다. 지원자 중에는 멤버로 뽑히면 대구에서 칠곡으로 이사하겠다는 할머니도 있었고, 평소 '수니와 칠공주'의 라이벌 힙합 그룹으로 불리던 '텃밭 왕언니'의 리더도 포함돼 있었다. 여기까지 읽고 나니, 도무지 그들을 직접 보지 않고는 궁금함이 해소되지 않을 것 같았다. 곧바로 오디션이 열리는 칠곡군 지천면사무소로 가는 차편을 검색했다. 기차를 두 번 갈아타면 한 시간 30분 만에 갈 수 있었다. 망설임 없이 기차표를 예매했다.

오디션 장소인 강당에 들어서자, 무대 위엔 이미 여섯 명의 지원자가 나란히 앉아 있었다. 그들 뒤편으로는 'Who is next?'라는 문구가 적힌 커다란 현수막이 걸려 있었다. 심사는 총 여섯 가지 항목으로 한 시간 동안 진행됐다. 자기소개와 '수니와 칠공주' 상식 퀴즈, 간단한 받아쓰기와 글짓기, 지원자들의 끼와 열정을 확인하는 노래와 막춤까지. 심사위원은 리더 박점순 할머니를 비롯해, 한글과 랩을 지도해온 정우정 선생님, '수니와 칠공주' 팬클럽 회장 등이 맡았다. 취재 열기도 뜨거웠다. 대충 세어본 카메라만 20여 대. 그럼에도 참가자들은 움츠러드는 이 없이, 조명 하나 없는 썰렁한 무대 위에서 온몸으로 애창곡과 막춤을 보여주었다. 그중 내 눈에 가장 띄는 이는, 왼쪽에서 두 번째 자리에 앉은 참가자였다. 검정 버킷 모자 사이로 보이는 빨간 커트 머리. 커다란 황금 목걸이를 걸고 선 76세 여성. "'수니와 칠공주'의 멤버가 되어 노인들에게 기쁨과 희망을 주고 싶다"라고 밝힌 지원 동기도 인상 깊었다. 알고 보니, 그녀가 바로 대구에서 이사를 감행하겠다고 한 강정열 참가자였다. 나는 내심 그녀에게 좋은 결과가 있길 바라는 마음으로 오디션을 끝까지 지켜보았다. 하지만 그날의 합격 목걸이는 5번 참가자, 이선화 할머니에게 주어졌다. 웃는 얼굴이 화사해 보고만 있어도 기분이 좋아지는 참가자였다.

결과가 발표되자 모든 카메라가 그녀를 향해 움직였다. 무대 중앙에서 꽃다발을 품에 안고, 이선화 할머니는 환하게 웃으며 인터뷰에 응했다. 그사이 다른 참가자들은 강당 한쪽의 대기석에 앉아 쉽사리 자리를 뜨지 못하고 무대를 바라보고 있었다. 아쉬움과 실망, 의연함과 부러움이 뒤섞인 얼굴들이었다. 그중 가장 후련한 얼굴로 앉아 있는 강정열 참가자에게 다가가 말을 걸었다. 오늘 나는 당신의 무대가 가장 기억에 남는다고. 혹시 나에게 오늘의 도전담을 들려줄 수 있겠느냐고. 기쁘게도 그녀는 흔쾌히 응해주었다. 며칠 후, 나는 그녀를 더 알고 싶은 마음을 안고 대구로 향했다. 약속 장소는 오른편으로 작은 하천이 흐르는 어느 카페. 정열님은 오디션 때와는 사뭇 다르게 트렌치코트를 차려입고 나타났다. 그런 그녀와 마주 앉아 긴 이야기를 나눴다. 어느 날 사고처럼, 랩에 꽂히게 된 순간부터 시작되는 이야기를.

정열님이 처음 랩에 꽂힌 건 2023년 연말, KBS 방송프로그램 〈인간극장〉에 출연한 '수니와 칠공주'를 보고서였다. 자신보다 나이가 많은 이들이 뒤늦게 한글을 배워 직접 가사를 쓰고, 무대에 오르는 모습을 보면서 가슴 한가운데 환하고 뜨거운 불이 켜졌다. 이 나이쯤 되면 삶에서 겪을 일들은 다 겪은 줄 알았는데, "저렇게 살 수도 있구나" 생각하니 76세라는 자신의 나이가 새로 산 신발처럼 느껴졌다. 게다가 할머니들이 도전한 장르가 트로트가 아니라, 지금껏 들어본 적 없는 랩이라는 사실에 더 마음이 움직였다. 노래는 영 소질이 없지만 내 이야기를 가사로 써서 부르는 거라면, '수니와 칠공주' 할머니들처럼 자신도 할 수 있겠다는 용기가 생겼다.

"트로트를 좋아하는데 노래를 할 줄은 몰라요. 고음도 안 올라가지, 박자 감각도 없지. 또 내 목소리가 좀 허스키하잖아요. 나 혼자 신바람 나서 흥얼거리는 건 하겠는데 어디 가서 노래 한 곡 해보라 하면 절대 못 해요. 그런데 랩이라는 건 보니까, 박자도 단순하고 가사가 더 중요한 것 같더라고요. 나도 할머니들처럼 많이 배우진 못했지만, 내 사연을 글로 쓰라고 하면 책 한 권이거든요."

〈인간극장〉 방송이 끝나고 정열님은 곧장 남편에게 말했다. 나는 저 마을에 꼭 가야겠다고. 가서 랩 선생님을 만나야겠다고. 그땐 '수니와 칠공주'의 멤버가 되겠다는 생각보다는, 그저 문하생이 되어 랩을 배우고 싶다는 마음뿐이었다. 하지만 늘 그렇듯, 요동치는 마음보다 먼저 앞서는 건 눈앞의 일들이었다. 재가방문 요양보호사로 일하는 그녀는 매일 아침 9시부터 오후 4시까지 또래의 노인들을 돌봤다. 자신이 오면 "이제야 살맛이 난다"라고 말해주는 이들을 뒷전으로 미룰 수는 없었다. 그렇게 하루하루를 보내다 보니 어느새 마음의 불은 잔잔해지고, 세 번의 계절이 지나갔다. 그러나 인생은 잠든 이의 머리맡에 종종 선물을 놓고 가는 법. 그해 가을, 정열님은 가수 장민호의 공연을 보기 위해 청도 반시 축제를 찾았다가 우연히 '수니와 칠공주'의 무대를 마주하게 되었다. 어쩌면 하늘이 준 기회일지도 모른다는 생각에 그녀의 가슴이 또 한 번 빠르게 뛰기 시작했다.

"일단 선생님이 어디 계시는지부터 찾아봤어요. 다행히 무대 가까운 관중석에 앉아계신 모습을 금방 알아보겠더라고요. 근데 막상 다가가려니까 어쩌나 떨리던지, 심호흡을 몇 번이나 하고 나서야 선생님께 갔어요. '선생님…, 저 〈인간극장〉 보고 랩에 꽂혀버렸어요. 랩을 배워보고 싶은데 어떻게 하면 좋을까요?' 그랬더니 선생님이 명함을 주시는 거예요. 청도에서 만난 사람이라고 나중에 전화하면 기억하겠다고요."

선생님의 명함을 부적 삼아 정열님은 또 한 계절을 보냈다. 자주 연락을 드리고 싶었지만, 혹시나 '진상'처럼 보일까 봐 열에 아홉은 참고 한 번씩만 문자했다. 랩을 배울 수만 있다면 얼마든지 더 기다려볼 참이었다. 그리고 2025년, 새해가 밝았다. '새해니까 안부 인사를 보내도 괜찮겠지' 하고 망설이던 중에 이번엔 선생님에게서 먼저 전화가 왔다. 반가운 마음으로 전화를 받았고, 뜻밖의 소식이 들려왔다. 곧 '수니와 칠공주'의 새 멤버를 뽑는 오디션이 열린다는 것이었다.

"전화를 받고 며칠 지나서 오디션 공고가 떴어요. '이제야 내가 진짜 랩을 배울 수 있는 기회가 왔구나' 싶었죠. 고민도 안 하고 바로 참가 신청을 했어요. 오디션 장소 답사도 두 번이나 다녀왔어요. 할머니들 사는 동네는 어떤 곳인가 미리 살펴보고, 또 길을 몰라 헤매다가 늦기라도 할까 봐요. 현장에 직접 가 보니까 더 실감이 나는 거 있죠. 그때부터 2주 동안은 정말 정신이 없었어요. 애창곡 고르랴, 막춤 연습하랴, 자작 랩 준비하랴… 하루가 어떻게 가는지도 몰랐죠."

언젠가 정열님이 남편과 함께 〈전국노래자랑〉을 보던 날이었다. 무대 위에서 신나게 몸을 흔드는 참가자를 보며 남편이 말했다.

"당신이 나가면 훨씬 더 잘하겠구먼."

그 말에 정열님은 웃으며 핀잔하듯 대꾸했다.

"당신은 아직도 나를 몰라? 나는 무대에만 올라가면 머리가 하얘져서 기절초풍하는 사람이야."

그런 사람이 어떻게 한 번의 망설임 없이 오디션에 도전할 수 있었는지, 전날에는 너무 떨려서 밥도 넘어가질 않았다. 무대에서 바보처럼 아무것도 못 하게 될까 봐 밤낮으로 죽도록 랩 가사를 외웠다.

'어느 날 우연히 인간극장에서 수니와 칠공주를 보게 되었지. 그날부터 내가 칠공주의 멤버가 된다면 어떨까 상상하며 꿈을 꾸었지….'

오디션 당일, 래퍼처럼 보이기 위해 아들 내외가 사준 야구 점퍼를 꺼내 입고 커다란 황금빛 목걸이를 목에 걸었다. 현장에 도착해 무대를 올려다보는 순간, 긴장이 다시 밀려왔다. 정열님은 마음속으로 가사 한 줄을 주문처럼 되뇌었다.

'정열이가 빠지면 랩이 아니지. 정열이가 빠지면 랩이 아니지.'

그날 정열님은 수십 대의 카메라와 심사위원들 앞에서 장민호의 〈드라마〉를 부르고, 3분 동안 부끄러움을 잊은 채 막춤을 췄다. 혼자 무대에 오르면 기절초풍할 줄 알았는데, 막춤이란 건 평생 못 할 줄 알았는데, 그녀는 그날 자신이 무대 체질이라는 사실을 처음으로 깨달았다고 했다. 긴장감에 입이 바짝바짝 말랐지만 춤을 추고 노래하는 동안에는 이상하리만치 마음이 편안하고 즐거웠다고. 그러니 언젠가 〈전국노래자랑〉을 보며 남편이 했던 말, "당신이 저기 나가면 더 잘할 텐데"라는 말은 그녀가 타고난 부분을 일찍이 알아본 사람만이 할 수 있는 말이었던 것이다. 이후 정열님은 무대에서 느꼈던 생생한 감각을 곱씹으며, 사실은 자신이 오래전부터 무대에 오르고 싶었다는 걸 뒤늦게 이해하게 되었다. 일흔이 넘어도 여전히 내가 모르는 내가 존재한다는 것. 스스로 뒤통수를 치는 기분 좋은 배신이, 삶에 숨겨진 또 다른 재미라는 걸. 그녀는 유쾌하게 받아들였다.

오디션이 끝난 뒤, 정열님은 한 언론사와 인터뷰에서 말했다. 비록 멤버가 되진 못했지만, 오디션에 참가한 일을 전혀 후회하지 않는다고. 하고 싶은 일에 용기를 내본 자신에게 오히려 더 고마운 마음이 든다고 했다. 그날 정열님이 유일하게 아쉬웠던 건, 죽도록 연습한 자작 랩을 무대에서 끝내 보여주지 못한 일이었다. 그래서 무대에서 내려온 뒤, 정우정 선생님을 찾아가 자필로 쓴 가사지를 내밀었다. 직접 쓴 가사인데 한번 읽어봐주시라고. 언젠가는 이 랩으로 공연하고 싶다고. 그런 마음이 그녀 자신을 도운 걸까. 그로부터 얼마 후 정열님은 '수니와 칠공주' 연습생으로 함께하자는 제안을 받았다. 한 달에 두 번, 멤버들과 함께 모여 랩을 배우고 연습해보자는 이야기였다. 그 말에 정열님은 "무조건 오케이, 무조건 예스"라고 대답했다. 어떻게 안 할 수가 있겠는가. 그렇게 그녀는 인생 첫 데뷔를 준비하는, 76세 래퍼 연습생이 되었다.

"나이가 들수록 내가 나를 기쁘게 해주면서 살아야 해요. 안 그러면 슬픈 일들이 널렸거든요. 그러다 보면 금세 활력을 잃어버려요. 그래도 아직까진, 내가 스스로 에너지를 만들면서 사는 것 같아서 그게 좋아요. 사실 제가 어릴 때부터 공부 머리는 없었어요. 그 대신 하고 싶은 일은 남들보다 두 배, 세 배 노력해서 꼭 해냈어요. 랩도 그래요. 여든이 되든, 아흔이 되든 할 수 있을 때까지 끝까지 해볼 거예요. 그러면 뭐라도 되어 있지 않겠어요?"

정열님과 이야기를 나누고 며칠 후. 그녀에게서 긴 메시지가 도착했다. 선물한 책에 대한 감상과 함께 자신의 방에 작은 책상 하나를 마련했다는 내용이었다. 그 책상에 앉아 자신의 이야기를 글로 써볼 계획이라고 했다. 그녀가 삶의 어떤 환희와 사무치는 슬픔을 써 내려갈지 알 수 없지만, 그중 어떤 것들은 그녀의 목소리를 타고 랩이 될 것이다. 어떤 랩은 뱉기만 해도 속이 시원해지고, 어떤 랩은 뜨겁게 눈물 나게도 할 것이다. 그 모든 것을 이제는 그녀가 직접 겪어볼 차례다. 일흔여섯에 자신을 위해 새로 마련한 신발을 신고, 명랑하게 앞으로 나아간다. 이미 그녀가 쓴 가사 한 줄처럼. '이제는 내가 무대에 올라갈 시간'을 향해서.

어느 날 우연히 인간극장에서
수니와 칠공주를 보게 되었지
그날부터 내가 칠공주의 멤버가 된다면
어떨까 상상하며 꿈을 꾸었지
그 후 청도 반시 축제에서
수니와 칠공주의 공연을 다시 보게 되었지
나는 장민호의 열성팬
장민호의 무대마다 쫓아다녔지
이제는 내가 무대에 올라갈 시간
나는 관객이 아닌
수니와 칠공주가 되기 위해
오늘 여기 와 있네요
정열이가 빠지면 랩이 아니지
정열이가 빠지면 랩이 아니지

— '수니와 칠공주' 오디션 참가를 위해 정열님이 쓴 자작랩 가사

✧ 〈환장하지〉에는 딸이라서 배우지 못했던 가슴 사무치는 서러움이, 〈나는 지금 학생이야〉에는 늦깎이 학생으로 사는 눈물 나는 기쁨이 담겨 있다.

너무 좋은 날들

가로수의 초록이 짙어지던 어느 날. 종로의 한 카페에서 우경 선생님을 만났다. 그즈음 참여했던 한 모임에서 짧은 인사만 나누었던 그에게 긴 대화를 청했을 때, 그는 처음엔 주저하는 모습을 보였다. 자신처럼 평범한 사람에겐 들을 만한 이야기가 없을 거라며. 하지만 나에겐 그동안 많은 어른들과 대화를 나누며 생겨난 확신이 있었다. 한 사람을 진심으로 궁금해하는 마음만 있다면, 어떤 삶이라도 감탄하게 되는 이야기가 있다는 것. 어른들은 대개 자신이 얼마나 좋은 이야기를 가지고 있는지 잘 몰랐다. 그래서 아는 것이라곤 이름이 전부인 선생님과 카페에서 마주 앉게 되었을 때도 긴장감보다는 기대하는 마음이 더 컸다. 서로의 일상을 묻는 대화를 나누다가 궁금한 점이 생기면 그 순간 떠오르는 질문을 건넸다. 내가 사랑하는 이야기는 대부분 그런 식으로 시작되었다. 우경 선생님과 나눈 대화 속에서 간직하게 된 이야기도 그런 우연과 함께 찾아왔다. 어떤 사람은 예순이 되어서야 비로소 자신이 원하는 삶이 무엇인지 알게 된다는 것. 그런 사람에게 이후로 펼쳐지는 날들은, 어린아이처럼 다시 세상을 배우는 시간이 된다는 것도.

우경 선생님은 1949년, 작은 농촌 마을에서 태어났다. 모두가 배고프던 시절이었지만, 그중에서도 늘 더 배고픈 사람들이 있었다. 농사로 겨우 생계를 이어가는 이들 사이에서 땅 한 평 갖지 못한 그의 부모는 소작농으로 시작해 매일 해가 뜨기 전부터 어스름이 내려앉는 저녁까지 쉼 없이 일했다. 그럼에도 늘어가는 식구들을 건사하기 어려워 늘 가난에 허덕여야 했다. 어느 쪽으로 둘러보아도 들녘뿐인 마을. 그곳에서 그는 가난한 사람은 끝까지 가난할 수밖에 없다는 생각을 품고 자랐다. 어린 마음에 깊은 그늘이 졌다. 그러던 어느 날, 열두 살이 된 그는 이른 아침 가방을 챙겨 집을 나섰다. 가슴이 답답해 어디라도 떠나보고 싶은 마음에서였다. 늦은 밤 집으로 돌아온 짧은 가출이었지만 자신이 갈 수 있는 가장 먼 곳까지 떠나본 그날, 그는 알게 되었다. 자신은 여기가 아닌 다른 세상을 원하고 있다는 것을. 이곳을 벗어나면 어떤 삶이 펼쳐질까 궁금해하는 마음이 어린 그를 자라게 했다. 하지만 5남매 중 장남으로 태어난 그에겐 가족들을 먹여 살려야 한다는 막연한 책임감이 있었다. 초등학교만 겨우 졸업한 그는 얼마 후 돈을 벌기 위해 도시로 떠났다. 그곳에서 자동차 정비 기술을 배웠고, 그 기술 하나로 가족들을 책임지며 살았다. 살다 보니 어느새 그의 나이 예순이 되어 있었다.

돌아보면 자신이 번 돈으로 동생들을 대학에 보낸 보람도, 자식들을 키우며 느꼈던 벅찬 기쁨도 그에겐 소중했지만 마음 한편엔 언제나 '이렇게 사는 게 맞는 걸까?'라는 생각이 떠나지 않았다. 마치 열두 살의 어느 날, 불쑥 집을 떠났던 그때처럼, 지금 이곳이 아닌 다른 세상에 대한 갈망이 오래도록 그 안에 남아 있었다. 그 '다른 세상'이 어디인지는 잘 알지 못하면서도 그랬다. 나이가 들면 살아가는 일이 수월해질 거라 생각했지만 오히려 더 팍팍하게 느껴졌다. 예상보다 이른 예순에 은퇴를 결심한 것도 그 때문이었다. 그의 결심을 들은 주변 사람들은 하나같이 우려 섞인 말을 꺼냈다. 그 나이에 그만두고 놀면 앞으로 남은 인생이 얼마나 지루하겠느냐고, 한 푼이라도 더 벌어 노후를 준비하는 게 더 현명하지 않겠느냐고. 그런 말들에 동요되는 마음도 있었지만 끝내 그의 결심을 꺾지는 못했다. 더 이상 이렇게 살고 싶지 않다는 분명한 자각. 내 인생이 이렇게 끝나면 안 될 것 같다는 예감이 그의 손을 잡아 다른 삶으로 이끌었다.

은퇴 후 한동안은 온전히 몸과 마음을 쉬는 데 시간을 다 보냈다. 비싼 여행은 꿈도 못 꿨지만, 대신 배낭을 메고 발길 닿는 대로 산과 들을 걸었다. 하염없이 걷다 보면, 그토록 벗어나고 싶던 지난 삶으로부터 한 걸음씩 멀어지는 기분이 들었다. 산들바람처럼 스며든 그 해방감 속에서, 그는 예순이 되어서야 주어진 이 시간이 자신에게 무엇보다 귀한 선물이라는 사실을 깨달았다. '앞으로 어떻게 살아갈 것인가?'라는 물음은 곧 '무엇을 하며 시간을 보낼 것인가?'라는 고민으로 다가왔다. 시간이 많아져서 좋아진 일 중 하나는, 50년 지기 친구를 자주 만날 수 있다는 점이었다. 오랜 친구와 함께 보내는 시간이 늘어나자, 자연스레 친구가 가는 곳을 따라가게 되는 날도 많아졌다. 누군가는 친구 따라 강남에 간다지만, 그가 친구를 따라간 곳은 한 시민사회단체였다. 그리고 그곳에서 열리는 인문학 강연을 듣기 시작한 일이 그의 삶을 완전히 바꾸어놓았다. 지금으로부터 16년 전, 2009년의 일이었다.

"처음엔 그냥 친구랑 보내는 시간이 좋아서 따라갔어요. 어차피 시간은 많으니까, 나보다 많이 배운 사람은 무슨 이야기를 하나 들어나보자 싶었죠. 오래전 일이라 그날 들었던 강연 내용이 정확히 기억나진 않아요. 아마 민주주의나 사회 정의에 관한 이야기였을 거예요. 초등학교만 졸업하고 줄곧 일만 하며 살아온 제가 그런 이야기를 어디에서 제대로 들어볼 기회가 있었겠어요. 아, 민주주의가 이런 거구나. 내가 이런 불평등한 사회에서 살고 있구나. 그런 것들이 한꺼번에 밀려오는 거예요. 그리고 함께 강연을 듣는 사람들의 진지한 얼굴, 자유롭게 자기 생각을 말하는 모습. 그걸 보는데 이상하게 내 마음 어딘가가 부서지는 것 같더라고요."

"왜 부서지는 것 같았을까요?"

"내가 몰랐던 세상이 여기에 있었구나, 그런 깨달음 아니었을까요. 부서져서 흩어지는 게 아니라, 깨지면서 열리는 느낌. 그 틈 사이로 무언가가 스며들기 시작한 거죠."

그날 이후, 선생님은 자신이 배울 수 있는 곳이라면 어디든 기꺼이 찾아나섰다. 한국 근현대사를 두루 공부하며 객관적으로 역사를 인식하는 눈을 틔웠고, 한 대학에서 운영하는 인문학 프로그램에 참여해 자신보다 훨씬 젊은 친구들과 나란히 앉아 글쓰기를 배웠다. 여러 분야의 책을 탐독하고, 노년 교육 프로그램 중 하나였던 '푸른 시니어학교'에 참여한 것도 그 무렵이었다. 여러 사회 문제와 삶의 의미를 함께 사유하게 하는 강연을 듣다 보면 텅 비어 있다고만 여겼던 내면에도 조금씩 무언가가 채워지기 시작했다. 세상을 이해하는 관점이라든가, 삶을 해석하는 나름의 기준 같은 것들이었다. 무엇보다 함께 강연을 듣는 이들이 건네는 따뜻한 환대, 직업도 나이도 다른 사람들이 둘러앉아 서로의 생각을 나누는 시간이 늘 벅찬 감동으로 다가왔다. 매일 자신이 무엇을 새롭게 배웠고 어떤 것을 느꼈는지 블로그에 기록하기 시작한 것도 그즈음이었다.

"그 전에는 그저 멋모르고 살았던 것 같아요. 내가 무엇을 원하는지도 정확히 모르고, 세상일에 대해서 크게 관심이나 주관을 갖지도 않았고요. 일단 먹고사는 일이 바쁘니까 그럴 기회나 겨를도 없었던 거죠. 돌아보면 그 시절의 제 삶이 참 얄팍하고 엉성했다는 생각이 들어요. 그렇게 정신없이 배우고 살아가는 사이에 16년이 훌쩍 가버렸네요."

선생님은 자신의 블로그에 남아 있는 '푸른 시니어학교' 시절 사진을 보여주었다. 강연 후기를 덧붙인 사진 속 선생님은 지금보다 한결 젊고 조금은 상기된 얼굴을 하고 있었다. 그리고 내 앞에 앉은 선생님을 다시 바라보며, 한 사람의 내면과 눈빛이 함께 깊어진다는 말의 뜻을 이해할 수 있었다. 어느덧 일흔여섯이 된 선생님은 예순에 공부를 시작한 일을 지금도 자신의 삶에서 가장 잘한 선택이었다고 말했다. 남들에겐 지루하게만 느껴질 은퇴 이후의 시간들이, 본인에겐 하루하루가 어떻게 지나가는지도 모를 만큼 너무 좋은 날들이었다고. "너무 좋은 날들이었다"라고 말하는 그의 표정이 지금껏 나눈 대화 중 가장 밝아, 나도 모르게 따라 웃게 됐다. 그리고 누군가 자신의 노년을 그렇게 벅찬 목소리로 말할 수 있다는 사실이 반갑고도 기뻤다. 궁금해진 나는 물었다. 그 긴 시간 동안, 선생님 안에서 가장 크게 달라진 것이 무엇이었는지를.

"정신적인 충만감이랄까. 내 안에 무언가가 쌓이기 시작하니까, 이제는 누구를 만나 어떤 이야기를 나누더라도 위축되거나 주눅 드는 일이 없어요. 오히려 그 사람이 궁금해지고, 어떤 생각을 하며 살아가는지 들어보고 싶어지죠. 오랜만에 만난 친구들은 저를 보고 그래요. '내가 알던 네가 아닌 것 같다'라고. 그런 말을 들으면 내심 기분이 좋죠. 나도 지금의 내가 더 나은 사람 같거든요."

그렇게 생각의 폭이 넓어지고, 사람을 대하는 태도도, 자기 자신을 바라보는 눈빛도 바뀌었다. 그러니 어쩌면 선생님의 마음속 열두 살 소년이 그리던 '다른 세상'은, 결국 '다른 나'로 살아보고 싶다는 바람이 아니었을까. 그리고 또 하나. 세상일에 관심을 기울이면서 예전엔 잘 보이지 않던 것들이 하나둘 눈에 들어오기 시작한 것도, 선생님 안에서 달라진 점 중 하나였다.

"뉴스를 보면 사회, 경제, 정치…, 여러 분야에서 반복되는 부조리한 일들이 있잖아요. 소외되거나 잊히는 사람들. 전에는 그런 게 잘 안 보였는데, 이제는 자꾸 눈길이 가고 마음이 쓰여요. 그냥 지나치질 못하겠는 거예요. '이건 왜 이렇지?' '저건 이렇게 바뀌어야 하지 않을까?' 생각이 많아지고, 저도 제 의견을 나누고 싶어지죠. 가끔 생각이 다른 사람들과 부딪힐 때도 있어요. 그럴 땐 답답하고 화가 나지만, 일단 서로 이야기를 충분히 들어보자고 해요. 당신이 5분 이야기하면, 나도 5분 이야기하고. 그래도 이해가 안 되는 부분이 있으면 시간을 두고 차근차근 생각을 해보자고 하죠. 생각이 다르다고 꼭 등을 돌리거나 싸울 필요는 없잖아요. 각자 의견을 말하고 서로 들어주는 걸로 족하다, 그러다 보면 어떤 사람은 조금씩 바뀌기도 한다. 그렇게 믿고 나아가는 거죠. 공부하면서 알았어요. 이 세상은 나만 사는 세상이 아니구나. 내가 변해야 세상도 달라지는구나."

그렇게 달라진 선생님이 믿는 세상은, 한 사람 한 사람의 뜻이 모여 점진적으로 진보해나가는 곳이라고 했다. 그 과정에서 때로는 분통이 터지고 억울한 일들이 있더라도 계속해서 더 나은 세상을 꿈꾸는 사람들이 있는 한 퇴보할 순 없을 거라고. 그러다 이야기는 자연스럽게 올해 봄까지 이어졌던 광화문 집회로 흘러갔다. 선생님은 자신을 배움의 세계로 이끌어준 50년 지기 친구와 집회에 나섰던 날을 떠올리며, 그날 광장에서 마주했던 수많은 불빛들을 이야기했다.

"집에 가만히 있으려니 마음이 너무 불편해서, 친구랑 같이 광화문으로 나섰죠. 밤새 눈이 내리던 날엔 얼마나 추웠던지 이대로 얼어 죽는 거 아닌가 싶었어요. 그래도 이상하게, 그 자리에 나가 있는 게 마음은 훨씬 편하더라고요. 그곳에 갈 때마다 젊은 사람들을 정말 많이 만났어요. 밤새도록 웃으면서 노래를 부르고, 찬란한 불빛을 흔드는 모습을 보는데…, 충격을 받았죠. 나는 저 나이 때 몰랐던 걸, 저들은 벌써 알고 있구나. 이제는 정말 '저들'의 세상이구나."

선생님의 이야기를 들으며, 문득 내가 사는 도시에서 열린 한 집회가 떠올랐다. 소규모로 진행된 그날 집회에서는 '내가 꿈꾸는 세상'은 어떤 곳인지 발언하는 시간이 있었다. 희망하는 참가자들에게 마이크가 돌아갔고, 몇몇 사람들이 떨리는 목소리로 자신이 바라는 세상을 이야기했다. 상식이 이기는 세상. 모두가 평등한 세상. 싸우지 않는 세상. 그러던 중 한 할머니가 무대 앞으로 나섰고, 나는 놀람과 호기심 어린 눈으로 그 모습을 지켜보았다. 근처 임대아파트에 살고 있다며 자신을 소개한 할머니는 모쪼록 청년들이 잘 사는 세상을 꿈꾼다고 말했다. 어서 이 소란이 끝나 청년들이 마음 편히 연애도 하고, 공부도 하고, 하고 싶은 일을 하며 살길 바란다고. 그 말이 마음에 남아 무대에서 내려온 할머니에게 다가가 물었다. 왜 청년들이 잘 사는 세상이 되길 바라시느냐고. 할머니는 이렇게 답하셨다.

"우리 어릴 땐 밥 굶는 게 일이었는데, 지금은 나라에서 노인들 굶지 말라고 연금을 주는 세상에 살고 있잖아요. 이렇게 세상이 좋아지는 걸 다 보면서 살았는데, 우리가 더 잘 살길 바라는 건 욕심이죠. 이젠 젊은 사람들이 사는 세상인데…."

그래서였을까. 이후 대선 기간 내내 SNS에서 노년 세대를 향한 무분별한 조롱과 비난을 접할 때마다 내가 만난 얼굴들이 떠올라 마음이 편치 않았다. 서로를 이해하려는 시도 없이 가장 쉬운 혐오만을 택할 때, 과연 무엇이 달라질 수 있을까. 그리고 대선이 끝난 어느 날, 우경 선생님께 전화를 걸었다. 이런

저런 대화를 주고받던 끝에 나는 조심스레 물었다.

"앞으로 더 좋은 세상이 오겠죠?"

선생님은 잠시 웃으시더니, 기분 좋게 대답하셨다.

"그럴 거라고 믿어야죠."

전화를 끊고 난 뒤, 잔잔한 여운 속에서 조금 전 우리가 나눈 대화를 곱씹어보았다. 그러다 선생님과 처음 이야기를 나누었던 날, 미처 하지 못한 대답이 내게 남아 있음을 깨닫게 되었다. 유난히 춥고 길게 느껴졌던 지난겨울. 밤새 웃고 울며 찬란한 불빛을 흔들던 '저들'이 사는 세상 역시, 당신이 함께 살아가고 있는, 앞으로도 함께 살아갈 세상이라는 것을.

말#1

얼른 학교 오이라

거창아림고 시니어 학급✧에서 만난 76세 할머니가 들려준 이야기.

"우리는 서로 다 알잖아요. 다들 얼마나 학교에 다니고 싶어 했는지. 어릴 때 배우지 못한 그 설움이 얼마나 컸는지. 그러니까 서로 더 챙겨주는 거예요. 학교 마칠 때 누가 몸이 좀 안 좋다 하면 집에 가서 바로 전화해요. 약 먹었나. 안 먹었으면 꼭 먹어라. 잘 자고 내일 또 전화할게. 안 그러면 학교 안 올까 봐. 내 친구 옥이가 입학한 지 얼마 안 돼서 뇌경색이 와버렸어요. 걔가 학교 오는 걸 얼마나 좋아했는지. 늦잠 자서 학교에 못 가는 꿈을 악몽으로 꾸고 그랬던 애예요. 그런데 몸이 아프니까 얘가 자꾸 처지는 거예요. 그래서 아침마다 전화를 하죠. 오늘 학교 오너라. 몇 시에 올 거고. 그래도 나약한 이야기를 하면 내가 늘 하는 이야기가 있어요. 옥아. 우리 졸업하고 나면 동창회 할 땐 여든이 넘었을 거다. 그땐 지금이 옛날이 될 거다. 그때 우리 참 젊었다고. 우리한테도 학창시절이 있었다고. 그런 이야기 하면 얼마나 재밌겠노. 안 그렇나? 그러니까 얼른 학교 오이라."

✧ 성인문해교육을 통해 초, 중학교 학력을 인정받은 70~80대 학생들이 정규 고등학교 과정을 배울 수 있게 운영하는 특별 학급이다.

하나의 우정이 알려준 것

 이승기 선생님은 올해 여든일곱이 되었다. 1939년생인 그는 2년 전 내 할아버지의 부고 소식에 깊은 안타까움을 전하며 말했다.

 "네 할아버지랑 내가 갑장 아니냐. 달님이를 지켜주던 '우리 두 사람' 중 한 사람이 떠나갔구나."

 선생님이 말한 '우리 두 사람'은 내가 할머니 할아버지와 함께 보낸 시간을 적은 책 《나의 두 사람》을 뜻했다. 그는 특히 이 책을 좋아했는데, 어느 날엔 '그때 두 사람'이 되었다가 어떤 날엔 '우리 세 사람'이 되고는 했다. 비록 제목은 자주 틀렸지만, 그가 내가 쓰는 글의 애독자임은 분명했다. 한 지역 신문에 칼럼진으로 참여했을 때도 매번 꼼꼼하게 읽고 난 후 전화로 감상을 전해주었고, 그가 가장 좋아하는 신문에 책 리뷰 기사가 실렸을 땐 "너는 장차 한국의 버지니아 울프가 될 것"이라며 살면서 다신 듣지 못할 칭찬을 들려주었다. 20대 중반, 방송국 작가와 출연자로 처음 만나 드문드문 안부를 주고받은 지 10년. 그사이 내 할아버지는 세상을 떠났지만 갑장인 그는 살아 있다. 내가 아는 사람 중 가장 영화와 문학을 사랑하고, 농담과 맥주를 좋아하는 노인으로.

새해를 맞아 선생님 단골 가게에서 점심을 함께했다. 뜨거운 김이 오르는 솥밥과 된장찌개를 후후 불며 먹는 동안 선생님은 최근에 본 책과 영화에 대한 이야기를 들려주었다. 작년엔 299편의 영화를 보았다는 그는(300편을 보는 게 목표였지만 연말에 지나친 과음으로 299편에 그쳤다) 〈룸 넥스트 도어〉와 〈퍼펙트 데이즈〉를 인상 깊은 영화로 꼽았고, 얼마 전 관람한 〈하얼빈〉에서는 안중근이 이토 히로부미를 암살할 때 '버드 아이 뷰'로 촬영한 장면이 아주 근사하다고 했다. 그러다 요즘 머리맡에 두고 읽는 책 이야기로 이어졌고 자연스럽게 한강 작가의 노벨문학상 수상 소식으로 흘러갔다. 15년 전 그가 서점에서 사 읽었다는 《채식주의자》 소감과 함께.

"노벨상 수상 뉴스를 보고 나서 나도 한강 작가 이야기를 하고 싶은데 할 사람이 없는 거야. 친구들을 만나면 정치인 누구를 땅에 묻어야 한다는 말밖에 안 하지. 한강을 아냐고 물으면 다들 서울에 있는 강인 줄로만 알아. 그래도 너를 만나니까 내가 이런 이야기를 할 수 있다."

너를 만나니까 할 수 있는 이야기. 선생님의 마지막 말에 조금 전까지 우리가 나눈 대화를 헤아려보았다. 〈퍼펙트 데이즈〉, 〈룸 넥스트 도어〉, 〈존 오브 인터레스트〉, 〈작은 아씨들〉, 에밀리 브론테, 버지니아 울프, 박완서, 김연수, 한강, 톨스토이까지. 한 사람과 문학과 영화를 주제로 이토록 다양한 이야기를 나눈 적 있을까 생각하면 드문 일이었다. 그것도 지루하지 않게, 내가 모르는 많은 것들에 놀라면서 말이다. 너를 만나니까 할 수 있는 이야기. 이 말은 내가 친구들에게 자주 하는 고백이기도 했다. 너에게는 부끄러움을 잊고 하게 되는 이야기가 있어. 너와 함께 있을 때만 사소해지지 않는 이야기가 있어. 나의 우정은 언제나 이러한 이야기 속에서 태어나고, 깊어졌다. 뒤늦게 나는 궁금해졌다. 그동안 나는 왜 선생님과 나눈 마음을 우정이라 여기지 않았을까. 우리는 왜 친구가 될 수 없다고 생각했을까. 때로는 내가 친구로 부르는 이들보다 더 많은 이야기를 나누기도 했는데. 할아버지 장례를 치른 후, 그가 소포로 보내준 책 선물을 받고선 '내 삶에 당신이 있다'라는 사실에 위로를 받기도 했는데. 오래된 미색 재킷을 입고 기분 좋게 빈 잔에 맥주를 따르는 내 늙은 친구를 바라보았다. 선생님과 나의 관계가 우정이라는 이름으로 새롭게 재편되는 순간이었다.

1월의 정오. 식당을 나서 선생님과 나란히 골목길을 걸었다. 못 본 사이 부쩍 헬쑥해진 두 볼과 커다란 귀에 꽂힌 보청기가 눈에 들어왔다. 작년에는 보청기의 도움 없이도 대화를 나눌 수 있었는데, 언제부터 청력이 약해지신 걸까. 조금 전 소란스러운 식당 안에서 내가 건넨 말을 선생님이 한 번에 알아듣지 못했을 때, 얼굴 위로 짧게 스치던 실망감이 떠올랐다. 그럼에도 그는 여전히 농담과 유머만은 잃지 않아서 카페로 향하는 짧은 시간에도 여러 번 크게 웃을 수 있었고, 덕분에 우리가 이 우정을 얼마나 함께할 수 있을지 기대를 걸어보게 되었다. 그리고 카페에 마주 앉아 뜨거운 커피 두 잔을 손에 쥐었을 때, 선생님은 최근에 자신을 사로잡은 하나의 이야기를 들려주었다.

"얼마 전 친한 친구 하나가 세상을 떠났다. 그제야 내 나이가 불쑥 실감이 났지."

그러니까 이 이야기는, 하나의 우정이 시작되는 순간에 듣게 된 죽음에 관한 이야기다.

"그 친구와는 중학교 때부터 70년 세월을 친구로 지냈지. 나이는 나보다 몇 살 아래야. 내가 돈이 없어 학교에 늦게 들어갔거든. 둘이서 죽이 참 잘 맞았어. 같이 있으면 나이 차이가 무슨 대수냐 싶었지. 졸업하고 나서 지금까지 동창들 열댓 명이서 계 모임을 했는데 그 친구가 머리가 좋아서 총무를 맡았어. 덕분에 철마다 좋은 데에서 맛있는 것도 많이 먹었지. 통장에 남아 있던 돈은 전부 그 친구 장례비용에 보탰다. 어차피 이젠 친구들도 네다섯 명뿐이 안 남았거든. 이 나이에 장례가 처음도 아닌데 가까운 친구가 가버리니까 느낌이 달라. 한동안 죽음이라는 게 뭘까. 삶이라는 게 뭘까. 눈 감으면 모든 게 끝난다는 게 허무하고 우울한 기분이 들었지. 그제야 내 나이가 불쑥 실감이 난 거야. 여든일곱이면 앞으로 몇 년을 더 살 수 있을까. 3년은 남았을까. 마침 테레비에서 산분장이 합법화됐다는 뉴스가 나왔지. 잘된 일이다 싶었어. 죽고 나서 자리 차지하는 게 무슨 의미가 있을까. 내가 평생 끼고 산 바다에 뿌려질 수 있다면 그게 더 좋은 거지.

얼마 전엔 43년을 해온 주례 일을 관뒀다. 돈벌이는 영 재주 없는 내가 배곯지 않고 살게 해준 고마운 일이지. 꾀부리는 일 없이 참 열심히 했어. 예식장이 호황일 땐 하루에 다섯 쌍, 여섯 쌍도 주례를 봤지. 세어보면 지금까지 내가 만난 부부가 5,000쌍은 될 거야. 어마어마한 일이지. 이젠 나도 늙어 찾는 사람이 없어지니까 예식장에서 전화가 온 거야. '앞으로는 안 오셔도 되겠습니다.' 서운한 마음이 들어도 어쩔 수 있나. 사람은 그만둘 때를 알아야 하거든. '오랜 시간 신세 많이 졌습니다. 감사했습니다.' 인사하고 깨끗이 물러났지. 그래도 앞으로 4~5년은 자식 도움 안 받고 살 돈이 남았어. 나한테 그렇게 많은 돈이 필요하지 않으니까.

지금 내가 가지고 있는 책이 몇천 권쯤 될 거다. DVD도 몇백 개쯤 될 테고. 이것들이 내가 평생 모아온 유일한 재산이야. 영화 〈러브스토리〉를 보면 아침에 일어난 주인공이 그날의 기분에 따라 듣고 싶은 음악을 틀거든. 나는 음악 대신 영화를 틀지. 눈을 뜨면 언제나 새벽 5시. 기분이 가라앉을 땐 차분한 영화를, 기분이 좋을 땐 뮤지컬 영화를 찾아보는 거야. 요즘 같은 겨울엔 엔딩크레딧이 오르면 어슴푸레 창밖이 밝아오지. 컨디션이 안 좋을 땐 영화 대신 머리맡에 쌓아둔 책을 펼쳐봐. 다행히 내가 시력은 아직 쓸 만하거든. 오래전에 산《백 년 동안의 고독》,《장미의 이름》은 뒤늦게 읽으려니 도통 진도가 안 나가. 역시 이런 책은 젊을 때 읽어야 하는 가봐. 그럴 땐 덮어두고 손에 닿는 다른 책을 가져오면 돼. 하루키도 재밌고 박완서도 훌륭하지. 여전히 읽을 책이 많이 남았다는 게 사는 기쁨이야.

요즘엔 부쩍 살아온 날들을 돌아보는 일이 많아졌지. 그러면 꼭 떠오르는 들판 하나가 있어. 40년 전이야. 고등학교 친구하고 뒷산을 올랐는데 정상에 서고 보니 눈앞에 널따란 들판이 펼쳐져 있었지. 늦가을이었어. 텅 빈 들판 한가운데 누군가 볏짚을 태우는지 연기가 피어오르고 있었고. 해 질 녘에 본 풍경이 왜 그리도 쓸쓸하게 느껴지던지. 말없이 그 연기를 바라보는데 오래전 읽은 안톤 슈낙의 글이 떠오른 거야. '우리를 슬프게 하는 것들'이라며 그가 적어 내려간 것들.

'울고 있는 아이를 볼 때. 오랫동안 사랑하는 이의 편지가 오지 않을 때. 무성한 나뭇가지 위에 하얀 눈송이가 내려앉을 때. 추수가 끝난 텅 빈 들판을 볼 때…'

그가 말한 대로 추수가 끝난 들판은 정말로 나를 슬프게 만들었지. 이 슬픔을 어떻게 알아챘을까, 안톤 슈낙은 참 대단한 작가구나, 감탄하는데 친구가 나를 나무라는 말투로 말했어.

"승기야. 니 지금 무슨 말을 하노. 이 땅을 잘 봐라. 여기가 곧 구획 정리에 들어간단다. 나는 여기에다 여관을 세울 거다."

그러고는 진짜로 여관을 지어서 3년 만에 아주 큰돈을 벌었지. 마산에 한창 수출자유지역이 들어설 때였거든. 덕분에 친구는 지금도 남부럽지 않은 부자로 살아. 나와는 비교가 안 되는 삶이지. 그때 나는 생각을 했던 거야. 사람 인생은 이렇게 달라지는 거구나. 들판을 보고 문학을 떠올리는 사람은 가난하게 버스를 타고, 여관을 떠올리는 사람은 자가용을 타는구나. 이렇게 사는 게 결국 내 인생이었던 거지. 누구를 원망할 것도, 아쉬워할 필요도 없는 거야. 다들 자기 삶을 자기대로 사는 것뿐 아니겠냐.

어떤 이는 나보고 청승맞다고 하지. 세상에 남길 거라곤 헌책과 DVD뿐인 내 삶이 실패한 것처럼 보일지도 몰라. 그런데 정말 그럴까. 내 삶은 실패한 삶일까…. 하루는 부자 친구가 나에게 물었지. 승기야 너는 무얼 하길래 매일 그렇게 재미있게 사느냐고. 요즘엔 시간이 너무 안 가 큰일이라고. 세상 여기저기서 나를 찾는 젊은 날엔 하루가 쏜살같이 지나가지. 그러다 나이가 들면 하루가 너무 길어 한 세월 같아. 그러니 늙을수록 마음 쏟을 일이 필요해. 좋아하는 일에 시간 쓰는 법을 배워야 해. 그래야 시간이 내 편이 돼. 그게 얼마나 중요한지 먼 후일에 너도 알게 될 거다. 다행히 지금 나에겐 매일 할 일이 있어. 다시 보고 싶은 영화도, 끝까지 읽어야 할 책도 넉넉하게 있지. 내 몸은 여기 있지만 내 영혼은 국경을 넘어 아주 먼 곳까지 다녀와. 하루는 도스토옙스키가 있는 러시아로, 다음 날은 빔 벤더스 감독이 있는 독일로, 때로는 내가 죽은 이후의 시간까지. 내 삶은 아주 넓게 펼쳐져 있어."

선생님은 덧붙여 말했다. 요즘엔 부쩍 눈을 감으면 모든 것이 끝난다는 사실이 두렵게 느껴지지만, 그럼에도 자신을 더 강렬하게 사로잡는 것은 언제나 죽음이 아니라 삶이라고. 눈을 뜨면 시작되는 하루에 마음 다해 감사하며 사는 일이 자신이 하고 싶은 유일한 일이라고. 어떻게 그런 마음을 가질 수 있느냐는 말에 선생님은 농담과 기도를 함께 알려주었다. 진실처럼 들리던 농담은 이것.

"늙으면 돼. 늙으면 삶이 아까워지거든."

잠들기 전 그가 매일 왼다는 기도는 이것이었다.

오늘 하루 잘 보냈습니다.
이만하면 충분합니다.
이제 나 자러 갑니다.
내일 아침에도 깨워주십시오.✦

그날 이후 나는 이 기도를 종종 떠올린다. 왜인지 잠들기 전보다 아침에 눈을 떴을 때, 희미하게 들리는 빗소리에 귀를 기울이는 마음으로 기도를 곱씹어보게 된다. 간절한 기도 없이도 하루가 주어졌다는 사실에 옅은 죄책감을 느끼면서. 이제 막 시작된 오늘 하루가 얼마나 아까운 삶인지 새삼스레 되뇌면서.

몸을 일으켜 침대 밖을 나선다.

그리고 어느 아침. 노트북을 넣은 가방을 메고 밖으로 나와 사람들 사이를 걷는 내가 있다. 매일 지나치던 가로수의 빈 가지에 어렴풋이 움트기 시작한 무언가를 보고, 문득 깨닫는다. 조금 뒤 카페에 도착해 내가 새롭게 쓰게 될 이야기. 그것은 하나의 우정이 시작되는 순간 듣게 된 생에 관한 이야기라는 것을.

)

이후 선생님은 내게 삶을 긍정하는 법에 대해서도 알려주었다. 그가 셀 수 없이 많은 책과 영화를 보며 깨닫게 된 사실 하나. 좋은 이야기는 결국 삶에서 희망을 보게 한다는 거였다. 그래서 그는 삶의 고비마다, 슬픔과 좌절이 있을 때마다 자신을 울게 했던 좋은 이야기들을 떠올렸다고 했다. 그러면 믿을 수 있었다고. 이 또한 지나가리라. 삶은 결국 희미한 빛을 보여주리라. 내가 희망을 보는 일을 포기하지만 않는다면. 그리고 그는 내게 당부하듯 말했다. 너도 좋은 이야기 속에서 살아라. 그런 다음 좋은 이야기를 쓰거라.

✧ 선생님의 기도 내용은 나태주 시인의 시 〈오늘 하루〉에서 영향을 받았다고 한다.

히야와 자네

 51년생 옥순은 48년생 홍자를 '히야'라고 부른다. 홍자의 이름이 '희'자로 끝나는 것도 아닌데, 옥순은 왜 홍자를 히야라고 부를까. 귀엽게 들리는 이 호칭은 사실 애칭도 별명도 아니다. '히야'는 대구 사투리로 형님을 친숙하게 부르는 말이다. "히야, 히야" 하고 자신을 잘 따르는 옥순을, 홍자는 '자네'라고 부른다. 세 살 언니 히야와 동생인 자네. 두 사람은 4년 전, 팔공 노인복지관에서 노인일자리사업◆ 짝꿍으로 처음 만났다.

 두 사람이 2인 1조로 함께 참여하는 노인일자리는 '노노老老케어◆◆'다. 혼자 지내는 데 어려움이 있는 어르신 댁을 찾아가 안부를 묻고, 가사를 돕는 일. 말하자면 노인이 노인을 돌보는 일이다. 여러 참여자 중 옥순과 홍자가 짝꿍이 된 건 그저 우연이었지만, 4년이 지난 지금 그들은 그 우연을 운명이라고 여긴다. 함께 일하는 동안 서로에게 미운 마음 한 번 든 적 없을 만큼 두 사람의 호흡이 잘 맞아서다. "우리는 눈빛만 봐도 마음을 알 수 있다"라는 홍자의 말에 옥순은 맞장구를 치며 대답했다.

"그렇지. 히야랑 나는 마음이 거의 같다고 봐야지."

홍자와 옥순은 한 달에 열 번, 그들이 맡은 집을 방문한다. 현재 함께 돌보는 곳은 올해 아흔을 앞둔 할머니 댁으로, 이번이 그들이 맡은 세 번째 집이다. 방문하는 날이면 둘은 미리 약속한 장소에서 만나 짧은 거리라도 꼭 같이 걸어간다. 대개 성격이 급한 홍자가 먼저 도착해 있으면, 몇 분 후 저만치에서 "히야" 하고 다가오는 옥순의 모습이 보인다. 한 번도 말한 적은 없지만 홍자는 그런 옥순을 보며 종종 귀엽다고 생각했다. 나중에야 홍자의 마음을 들은 옥순은 평생 귀엽다는 말은 처음이라며 손사래 쳤다. 나이 칠십 먹은 노인네가 뭐 귀여운 데가 있겠느냐고. 그 말에 홍자는 그걸 왜 모르냐는 듯이 대답했다.

"내가 자네 머리를 자주 쓰다듬었잖아. 귀엽지도 않은 사람을 뭣 하러 쓰다듬어?"

아침 9시. 홍자와 옥순이 할머니 집으로 들어서면, 할머니는 두 사람을 며칠 동안 손꼽아 기다린 편지처럼 반긴다. "오늘은 그냥 쉬어라, 괜찮다"라고 해도, 두 사람의 눈에는 그사이 쌓인 일들이 잔뜩 보인다. 안부를 나눈 뒤엔 익숙하게 홍자는 청소를, 옥순은 주방 일을 맡는다. 조리와 화장실 청소는 본래 그들의 업무가 아니지만, 반찬 하나 없는 냉장고를 보면, 관리되지 않은 화장실을 보면 차마 모른 척할 수가 없다. 내 언니 같고, 엄마 같은 이들이라 생각하면 '해야 할 일'과 '안 해도 될 일'을 가르는 경계는 락스로 닦은 물때처럼 옅어졌다. 눈으로 본 것은 그냥 지나칠 수 없는 마음. 홍자와 옥순은 그 마음이 닮았다.

지금처럼 여름이 다가오면 그들은 함께 시장에 가 열무를 산다. 넉넉하게 물김치를 담가 냉장고에 넣어두기 위해서다. 입맛이 떨어지는 여름엔 시원한 물김치 하나만 있어도 밥 몇 숟갈은 수월하게 넘길 수 있다는 걸 알기 때문이다. 홍자와 옥순은 50년 넘게 식구들을 먹이고 키운 손맛으로 봄에는 쑥을 사다 된장국을 끓이고, 재첩 살이 통통하게 오를 땐 한 소쿠리 가득 사 와 맑은 재첩국을 팔팔 끓인다. 두 사람이 머무는 동안에는 끼니를 제대로 챙겨 먹지 못하던 할머니의 주방에도 고소하고 짭짤한 냄새가 퍼진다. 그런 날엔 집을 나서는 홍자와 옥순의 옷에도 같은 냄새가 밴다.

두 사람이 할머니의 끼니를 더욱 신경 쓰게 된 데에는 지난 겨울의 일이 한몫했다. 노인일자리는 그해 2월부터 12월 초까지만 운영되어 한 달 남짓 돌봄에 공백이 생긴다. 다시 근무가 시작되던 2월, 설음식을 챙겨 집으로 찾아갔더니 그사이 할머니 몸이 앙상하게 말라 있었다. 텅 빈 냉장고를 보았을 땐 탄식이 절로 나왔다. 그 길로 홍자와 옥순은 장을 봐와 국을 끓이고 반찬을 만들고 밥을 지었다. 며칠 뒤엔 옥순이 자신이 먹으려고 사둔 조기 몇 마리도 가져와 자글자글 구웠다. 보름쯤 지나자 할머니의 두 볼에 통통하게 살이 올랐다. 그 모습을 보며 홍자와 옥순은 생각했다. 혼자만 잘 살면 무슨 재민가. 이런 게 사람 사는 맛이지.

두 사람이 같은 마음으로 하는 일 중엔 이런 것도 있다. 할머니들은 낡은 솜이불을 좀처럼 버리지 못한다. 저마다 애틋한 사연이 있는 데다, 겨울이면 그 묵직한 이불만이 몸을 따뜻하게 덮혀주기 때문이다. 그 마음을 알기에 두 사람은 겨울이 오기 전, 장롱에서 솜이불을 꺼내 세탁할 준비를 한다. 할머니 집 욕실은 너무 좁아서 주로 옥순이 자신의 집으로 챙겨가 손수 빨래한 이불을 바람에 잘 널어 말린다. 다 마른 이불이 구김 가지 않게 다림질하는 것 또한 옥순의 몫. 그러고는 그 이불을 다시 품에 안고서 지하철을 타고 할머니 집으로 가져간다. 며칠 만에 가슬가슬해진 이불을 쓰다듬으며 "아이고 정말 좋다"라고 말하던 할머니의 목소리가, 홍자와 옥순에겐 작은 보람으로 남아 있다.

그뿐일까. 할머니가 좋아한다고 일부러 칠성시장까지 가서 뻥튀기를 사다 준 일, 점점 귀가 들리지 않는 할머니를 위해 동사무소에 보청기 지원을 알아본 일, 한여름에 할머니를 휠체어에 태우고 병원 진료를 함께 보러 간 일까지. 병원에 가던 날은 어찌나 더웠는지 두 사람 다 온몸이 땀으로 흠뻑 젖었다. 그래도 옆에서 으샤으샤 하는 옥순이 있어 힘든 줄 모르고 웃어넘길 수 있었다고, 홍자는 회상했다. 그런 수고와 고생을 마다하지 않는 두 사람에게 할머니가 고맙다며 먹을 것을 건네면 그들은 절대 입에 대지 않는다고 했다. 자신들이 먹지 않으면, 할머니가 그만큼 더 드실 수 있을 테니까. 아무리 더운 날에도 함부로 선풍기를 틀지 않고, 물세가 더 나올까 싶어 할머니 집에선 소변을 보지 않는 것 또한 두 사람이 정한 철칙 중 하나다. 자신들이 주는 것은 아까워하지 않으면서 받는 것은 아까워하는 마음. 그럼에도 손해라고 여기지 않는 그 마음은 무엇일까. "이런 게 사람 사는 재미"라는 그들의 말을 나는 아직 다 헤아릴 수 없다.

최근 홍자와 옥순에겐 마음 쓰이는 일이 하나 생겼다. 그들이 돌보는 할머니에게서 초기 치매 증세가 나타나기 시작한 것이다. 홍자도, 옥순도 여러 어른을 모셔본 경험이 있기에 부쩍 깜빡깜빡하는 할머니를 보며 속으로 걱정을 삼켰었다. 그러면서도 두 사람은 생각했다. 지난 경험을 비추어볼 때, 앞으로도 계속 자신들의 손길만 닿는다면 할머니 혼자서도 충분히 집에서 지내실 수 있겠다고. 아직은 섣불리 할머니의 다음을 결정할 때는 아니라고. 자신이 요양원에 갈지도 모른다는 생각에 며칠을 가슴앓이하는 할머니를 보며 홍자는 그녀의 귀에 두 손을 모으고 말했다. 귀가 어두운 할머니에게 자신의 말소리가 또박또박 전해지길 바라면서.

"형님, 걱정 마이소. 우리가 끝까지 지켜줄 겁니다."

홍자의 말이 끝나자 곁에 있던 옥순도 거들었다.

"우리가 형님을 제일 잘 알잖아요. 우리가 형님 괜찮다고 하면, 아무도 못 데려갑니더. 진짭니더."

그리고선 홍자와 옥순은 눈빛을 주고받았다. 그들만 아는 모종의 작전을 함께 나누듯이.

홍자와 옥순이 일을 마치고 집을 나서면 할머니는 꼭 그들을 따라나선다. 문 앞에 서서 "나도 너희들과 같이 가면 좋겠다"라고 말한다. 그 말이 옷에 밴 열무 냄새처럼 마음에 남는다. 그래서 홍자는 날이 더 더워지기 전에, 할머니를 모시고 금호

강이 흐르는 동촌유원지에 가볼 생각이다. 북새에 바라보는 강변이 얼마나 아름다운지 보여주고 싶어서다.

"북새라는 말, 오늘 처음 들어봐요."

"해가 완전히 저물기 전 뉘엿뉘엿 어두워지는 때 있죠. 노을빛이 하늘을 붉게 물들이고, 사람들이 하나둘 집으로 돌아갈 때. 여기선 그 시간을 북새라고 그래요. 나 시집왔을 때 어머님이 알려준 말인데 그때는 옛날 말이 그렇게 듣기 싫더니 요즘엔 정겨워서 좋아요. 북새에 강변 하늘을 바라보면요. 누가 저렇게 세상을 아름답게 칠해놨을까 싶어요."

북새. 낯선 표현이지만, 누구에게나 매일 다가오는 시간. 언젠가 나에게도 북새에 지는 노을을 가만히 멈춰서서 바라보던 날이 있었다. 어느 여름 저녁, 혼자 천변을 걷다 집으로 돌아가는 길이었다. 하루가 저물어간다는 쓸쓸함 속에서도, 그 순간 나를 붙잡은 풍경이 계속 바라볼 수밖에 없는 아름다움이란 걸 알았다. 우리 삶도 흔히 말하듯 하루처럼 저물어가는 것이라면, 일흔 넘어 서로를 만난 홍자와 옥순은 북새에 만난 친구인 셈이다. 두 사람에게 그렇지 않으냐고 물었더니, "그렇지. 우린 북새에 만난 인연이지" 하고 고개를 끄덕였다. 그토록 긴 시간 각자의 삶을 살아왔음에도, 희한하게 미운 마음 하나 들지 않는 친구이자 짝꿍이 된 두 사람. 최근엔 옥순이 다니는 곳으로 미용실도 옮겼다는 홍자는 둘 사이에 있었던 재미있는 일 하나를 들려주었다.

얼마 전 홍자가 쓰던 밥솥이 고장이 났다. 새로 사긴 아까워 AS를 맡기려는데, 때마침 옥순도 밥솥이 고장 났다고 했다. 어쩜 같은 시기에 밥솥이 고장 날 수 있는지, 둘은 신기해하며 함께 AS센터에 가기로 약속했다. 며칠 후 각자 밥솥을 들고 지하철역에서 마주쳤을 때, 두 사람은 자신들이 오랫동안 써온 밥솥이 똑같은 모델이라는 걸 알게 되었다.

"엄마야. 이게 무슨 일이고!"

밥솥이 같다는 게 엄청난 우연이라도 되는 것처럼 둘은 희한한 일이 다 있다며 깔깔 웃었다. 나이가 드니 눈물샘이 약해져 웃다 보면 어느새 눈물이 났다. 그러고선 늘 그랬듯 성격이 급한 홍자가 앞서 걷고, 그 뒤를 옥순이 따라 걷는데 등 뒤에서 불쑥 옥순의 목소리가 들려왔다.

"히야. 근데 우리 좀 운명인 것 같지 않나?"

그 말을 듣고 걸음을 멈춘 홍자와 옥순은 또 한바탕 크게 웃었다고 했다. 그동안 운명이라는 건 무섭고 지긋지긋한 말인 줄만 알았는데. 이 나이에 운명이라는 말이 이토록 상큼하게 들릴 줄이야. 두 사람의 밥솥 이야기를 들으며 나도 그들처럼, 같이 있으면 시답잖은 이유로 웃음이 터지는 친구들을 떠올렸다. 우연히 같은 색깔의 양말을 신고 나왔다거나, 서로를 모르던 10대 시절에 같은 노래를 컬러링으로 해둔 적 있다거나, 많은 사람 속에서 하필 같은 순간에 서로 눈이 마주쳤단 이유로 순식간에 기뻐지던 마음. 사실은 우리가 정말 비슷한 점이 많아서라기보다 이미 너를 좋아하기 때문에, 사소한 것들도 운명처럼 느껴지던 순간들. 나는 홍자에게 물었다. 그날 옥순의 말을 듣고 어떤 대답을 하셨느냐고. 그러자 그녀는 대답 대신, 같은 날 있었던 또 다른 일을 들려주었다.

"그렇게 한바탕 웃고는 이번에도 내가 먼저 걸어가고 옥순이는 뒤따라 걸어오는데 자꾸 구시렁대는 소리가 들리는 거예요. 그래서 뭐 때문에 그러나 싶어서 돌아봤더니 쟤가 그러는 거예요. 히야 신발 뒤축이 다 닳았다고. 왜 닳은 신발을 신고 다니냐고. 그전까지 나는 내 신발이 닳았는지도 몰랐거든요. 내 뒷모습을 내가 볼 일이 없으니까. 그때 그런 생각이 들었죠. 쟤는 내 뒤꿈치를 다 보는구나. 그런 게 눈에 들어오는구나."

내가 들은 홍자와 옥순의 이야기는 이렇게 끝이 난다. 처음 두 사람의 이야기를 들을 땐, 그들이 짝꿍이 되어 한 노인을 애써 돌보는 태도에 마음이 기울었다. 두 사람이 힘을 합쳐 한 노인을 살리고 구하는 이야기처럼 느껴지기도 했다. 그러다 하루가 저무는 북새의 풍경을 함께 떠올렸을 때, 일흔이 넘어 만난 그들이 서로를 운명처럼 여긴다는 말을 들었을 때, 나는 두 사람이 나누는 우정에 더 마음을 빼앗겼다는 걸 알게 되었다. 듣기 전엔 미처 알 수 없었지만, 계속해서 기다려온 어떤 이야기를 마침내 듣게 된 것 같았다.

나는 홍자와 옥순의 이야기가, 서로의 노년에 새로운 존재를 획득하는 이야기라서 좋았다. 어쩔 수 없이 내게 소중하고 익숙한 것들을 차례대로 잃어가는 노년이 아니라, 그때에도 나를 깔깔 웃게 만드는 우정과 기쁨이 새로이 태어나기도 한다는 걸 알려주어서 좋았다. 멀리서 나를 보며 인사하는 친구를 보며 반가워하기. 여전히 귀엽다고 생각하며 하얗게 세기 시작한 머리를 쓰다듬기. 틈틈이 눈을 맞추며 둘만 아는 어떤 작당을 함께 모의하기. 겨우 밥솥이 똑같다는 이유로 한바탕 소리 내서 웃기. 아무도 보지 않는 친구의 신발 뒤축을 눈여겨보기. 나는 지금껏 여러 번 그려본 적 있는 노년의 시간이 희붐하게 밝아오는 것을 느꼈다. 그 환함을 언제나 내 곁에 두고 싶었다.

✧ 정확한 명칭은 노인사회활동지원 및 노인일자리사업. 65세 이상(일부 유형 60세 이상 참여 가능) 노인을 대상으로 노인의 특성에 적합한 일자리를 정부에서 보수 등을 지원하여 창출·제공하는 정책이다. 2023년 노인실태조사보고서(보건복지부)에 따르면 노인일자리사업에 참여하고 있는 노인은 전체의 6.7퍼센트에 해당하며, 일자리 관련 정보가 궁금하다면 '노인일자리여기' 홈페이지 또는 거주하는 지역의 노인일자리 수행기관(시니어클럽, 노인복지관, 대한노인회 등)을 통해 확인할 수 있다.

✧✧ 홍자님과 옥순님은 자신들이 하는 일이 "젊은 사람들은 쉽게 하지 못하는 일"이라고 했다. 누군가를 오래 돌본 경험, 그리고 노인의 마음을 세심하게 읽어내는 능력이 필요하기 때문이다. 예를 들면 고령의 어르신들이 왜 옷을 자주 갈아입고 싶어 하지 않는지, 그들이 말하는 통증이 구체적으로 어떤 느낌인지, 왜 했던 말을 계속해서 반복하는지. 그런 것들을 두 사람은 어렵지 않게 이해한다고 했다. 돌봄을 주고받는 이들 모두 늙어감을 함께 겪고 있기 때문이다. "우리니까 할 수 있는 일"이라고 자신 있게 말하는 두 사람을 보며 생각했다. 나이 듦이 고유한 전문성이 될 수도 있다는 것을.

끝까지 나로 사는 연습

한동안 노년의 삶을 다룬 책과 기사를 눈에 띄는 대로 읽었다. 아직 살아보지 않은 생의 한 시기를 이해한다는 것은, 수많은 '모름'과 '모를 수밖에 없음'을 직면하는 일이었다. 읽는 일만으로 모든 부족함이 채워지지는 않았지만, 적어도 내가 무엇을 모르는지는 알 수 있었다. 그렇게 읽어나가던 기사들 속에서 노년배움서클 '노닐다'를 알게 되었다. 노년기를 앞두고 있거나, 노년기에 접어든 이들이 모여 존엄한 노년을 함께 공부하고 실천하는 공동체라고 했다. 모임에 참석하는 방법을 알고 싶어 검색창을 열었다. 마침 서울 종로구에 위치한 아카데미느

티나무에서 '노닐다' 회원들이 참여하는 강좌가 열리고 있었다. 가장 가까운 일정은 며칠 뒤, 화요일 오전 10시 30분. 늦지 않으려면 새벽 기차를 타야했지만 망설이지 않았다. 읽는 일을 넘어, 책상을 떠나야만 비로소 알 수 있는 것들이 있었다.

화요일. 긴장된 마음으로 강의실에 들어섰을 때, 40대부터 80대까지 다양한 연령의 회원들이 이미 자리를 채우고 있었다. 처음 참석한 나를 배려해 그날 모임은 자기소개로 시작되었다. 단순히 이름을 말하는 소개가 아니라 노년에 대해 어떤 고민을 품고 있는지, 어떤 이유로 이 자리에 오게 되었는지를 나누는 시간이었다. 덕분에 그들이 저마다의 이야기를 지닌 존재라는 사실이 또렷이 다가왔다. 차례로 인사를 나누며 메모를 이어가던 중, 맞은편에 앉은 정애자 선생님의 소개를 듣다 귀가 솔깃해졌다. 그녀가 꺼낸 '적응'이라는 단어 때문이었다.

"제 나이는 여든셋. 여기 계신 분들 중엔 아마 제가 제일 나이가 많을 거예요. 겉으로는 멀쩡해 보일지 몰라도, 몇 해 전부터 제 몸이 하나둘 어긋나기 시작했어요. 그때부터 저 자신을 먼저 돌보며 살아야겠다고 마음먹었고, 조금씩 지금 내 나이에 적응하는 연습을 하고 있어요."

'내 나이에 적응하는 연습'. 그즈음 나는 여러 노년의 삶을 접하며 '적응'이라는 말을 자주 떠올리고 있었다. 그들이 보여준 노년은 삶의 어느 시기보다 많은 것을 잃고, 많은 변화를 받아들여야 하는 시간이었다. 건강하다고 믿었던 몸이 서서히 무너지고, 가까운 이들의 죽음은 잦아진다. 삶의 중심에 있던 자신은 어느새 조금씩 주변으로 밀려난다. 그 시간 앞에서 어떤 이들은 당황했고, 어떤 이들은 분노했으며, 또 어떤 이들은 무기력함을 느꼈다. 어느 순간부터 균형을 잃고 넘어지기 시작했던 나의 할아버지는 혼잣말처럼 이렇게 중얼거리곤 했다.

"내가 왜 못 걸어…."

그 말 속엔 스스로도 믿기지 않는 변화에 대한 당혹감과 좌절이 담겨 있었다. 그러나 그것은 결코 피하거나 되돌릴 수 있는 변화가 아니었다.

그리고 그러한 변화 속에서도, 자신의 삶을 담담하게 지켜나가는 이들이 있었다. 그들이 품은 내면의 힘을 모두 알 수는 없었지만, 하나의 공통점이 있다면 자신의 '나이 듦'을 애써 외면하지 않는 태도였다. 차츰 나는 알게 되었다. 노년에 가장 필요한 마음은 그 변화에 조금씩, 그러나 분명히 적응해 나가려는 자세라는 것을. 그래서 정애자 선생님의 이야기가 더욱 궁금해졌다. 지금의 나이를 그녀는 어떤 마음으로 살아내고 있을까. 수많은 변화 앞에서, 그녀는 어떤 '적응의 기술'을 단련해가고 있을까. 이어지는 대화는 3월의 어느 오후, 선생님이 내게 들려준 이야기를 소중하게 옮겨 적은 것이다. 아끼는 사람의 사진을 벽에 붙일 때는, 테이프를 붙인 귀퉁이를 손끝으로 더 힘주어 누르듯이.

⌒

정애자 선생님의 나이를 처음 듣는 이들은 하나같이 이렇게 말하곤 했다.

"절대 그 나이처럼 안 보이세요."

크게 아프거나 불편한 곳이 없는 몸, 사람을 대하는 유연한 태도, 하고 싶은 일로 일상을 채워가는 그녀의 모습은 사람들이 흔히 생각하는 여든 즈음의 노인보다 젊어 보이게 했다. 언제부턴가 그녀는 어디에 속하든 자신이 가장 연장자인 경우가 많아졌지만, 1943년생이라는 실제 나이 때문에 제약이나 제한을 느끼는 일은 거의 없었다. 2020년, 그 일을 겪기 전까지는 그랬다.

"코로나 팬데믹으로 멈춰 있던 행사들이 조금씩 소규모로 재개되던 때였어요. 어느 공공기관에서 2년 만에 체험 프로그램을 연다기에 얼른 신청을 하러 갔죠. 웬만하면 그런 데는 다 참여하는 편이었거든요. 신청자가 적었는지 접수 담당자도 처음엔 고맙다고 인사를 했어요. 그런데 제 나이가 일흔일곱인 걸 확인하곤 곤란한 목소리로 말하더군요. '죄송해서 어쩌죠. 선생님은 연세가 많으셔서 참여가 어렵겠습니다.' 그 말에 충격을 받았죠. 이제는 공공기관에서 거부하는 나이가 되었구나. '나는 할 수 있다'라는 말이 통하지 않는 때가 온 거구나. 그런 걸 처음 실감한 거예요."

이전과는 달리 '몸이 말을 듣지 않는다'라는 감각을 느낀 건 그보다 2년 전, 선생님이 일흔다섯이 되던 해였다. 그녀는 오랫동안 자신의 몸을 운동으로 단련해온 사람이었다. 젊은 시절 30년 동안 꾸준히 산을 탔고, 매일 달리기하는 습관도 놓치지 않았다. 그런 그녀에게 건강한 몸은 곧 자신감이자, 일상을 활기차게 살아가게 해주는 힘이었다.

"어느 날부터 이유 없이 한쪽 발목이 휘기 시작했어요. 겉으로 보고는 다들 괜찮다고 하는데 나는 내 몸을 더 잘 알잖아요. 별 탈 없던 무릎도 삐걱거리고, 어느 때는 손목에 힘이 빠져서 물 한 바가지를 제대로 못 떴어요. '도대체 왜 이러나, 이거 큰일 났구나' 덜컥 겁부터 났죠. 나는 오랫동안 혼자서 살았어요. 어머니 돌아가시고 나선 형제들과도 소원해지고, 코로나를 지나며 지인들과 만남도 많이 줄어들었죠. 그렇다고 지난 삶을 아쉬워하는 건 아니에요. 다만 다시 한번 다짐이 필요해진 거죠. 내가 이 세상에서 의지할 사람은 나뿐이구나. 이제부터 내가 나를 돌보는 데 더 집중해야겠구나."

선생님이 말하는 자기 돌봄은 거창한 것이 아니었다. 하루 세 끼를 건강하게 챙기고, 꾸준히 몸을 움직이며, 내가 하고 싶은 일로 하루를 채워가는 것. 다행히 선생님에겐 나 자신을 삶의 중심에 놓고 살아온 오랜 습관이 있었다.

"30년 넘게 도서관 사서로 일했어요. 살림을 따로 하지 않아도 됐으니 퇴근 이후 시간이 늘 자유로웠죠. 배우고 싶은 걸 배우고, 보고 싶은 걸 보면서 지루할 틈 없이 살았던 것 같아요. 은퇴한 지 스무 해가 지났지만, 그때 나를 위해 시간을 쓰던 습관이 지금도 내 삶을 지탱하고 있어요. 월요일엔 장구, 화요일엔 독서모임, 수요일엔 에스페란토어 스터디…. 매일 나에겐 해야 할 일이 있어요. 전보다 체력이 떨어지면서 이제는 하지 못하는 일들도 생겼지만, 대신 정말로 하고 싶은 일은 애써서라도 해요. 그게 살아가는 힘이 되니까요."

그런 일상 속에서 선생님이 소홀히 하지 않는 또 다른 습관은, 하루 세 끼를 정성껏 챙겨 먹는 일이다.

"혼자 살수록 끼니를 더 잘 챙겨 먹어야 해요. 아프면 나를 돌보기 어렵잖아요. 나에게 대접한다는 마음으로 좋은 재료로 요리하고, 귀찮더라도 예쁜 그릇에 담아 먹어요. 아침엔 꼭 사과 반쪽을 먹고, 계절따라 제철음식을 찾아 먹는 것도 사는 재미죠. 그렇게 차린 밥상은 먹기 전에 꼭 사진을 찍어둬요. 주변에서 걱정하는 사람들이 많거든요. 혼자 늙어가는 인간이 밥은 제대로 챙겨 먹나, 다들 그게 제일 궁금한 거죠. 그럴 때 이 사진들을 보여줘요. 걱정하지 마라. 너네가 안 챙겨도, 난 이렇게 잘 먹고 잘산다. 증명하는 거예요."

선생님은 내게도 그 사진들을 보여주었다. 갤러리엔 그동안 신경 써서 차린 음식 사진들이 매일의 일상처럼 차곡차곡 쌓여 있었다. 어느 날엔 "잘 먹겠습니다"라는 인사가 "잘 살겠습니다"라는 기도가 될 수 있겠다는 생각이 들었다. 이어서 선생님은 취약해진 몸과 함께 사는 법에 대해서도 들려주었다.

"지금 생각해도, 젊은 날 마음껏 산을 다닌 건 정말 행운이었어요. 제가 가진 좋은 회복력은 아마 다 산에서 왔을 거예요. 이제는 다리가 아파 더 이상 산에 오를 수는 없지만, 평지를 걷는 기쁨도 그에 못지않게 소중하죠. 요즘엔 재활전문 선생님께 발목, 무릎, 고관절 스트레칭을 배우고 있어요. 유연성과 근력을 길러서 가능한 한 오래 걷는 몸을 만드는 게 목표거든요. 우리나라 길은 평평하지 않은 곳이 많아서, 걷다가 움푹 팬 데 발이 걸려 넘어지는 노인들이 참 많아요. 그럴 때 내 몸이 조금이라도 순발력 있게 반응하도록, 덜 다치도록 나름대로 훈련을 하고 있는 거예요."

"훈련이요?"

"그럼요. 훈련이죠. 예를 들면 난 계단을 내려갈 때도 사선으로 가요. 똑바로 걷다 넘어지면 그대로 고꾸라지니까, 최대한 덜 다치게 한 발 한 발 옆으로 걷는 연습을 하는 거예요. 그런 내 모습이 우스워 보이고 답답해 보여도 어쩔 수 없어요. 지금이 최선의 몸이란 걸 알아야 해요. 왜 예전처럼 걸을 수 없냐고 속상해하기보다, 지금 내 몸으로 어떻게 하면 더 잘 걷고, 오래 걸을 수 있을까 연구하는 마음이 필요하죠. 안 그럼 누가 나를 걷게 해주겠어요? 우리 스트레칭 선생님도 그러셨어요. 모든 건 욕심 내지 않고, 조금씩 조금씩 반복할 때만 나아질 수 있다고요."

선생님의 이야기를 들으며 '적응'이라는 말의 의미를 다시 생각하게 되었다. 적응이란 그저 수용하고 인내하는 일이 아니라, 지금 나에게 맞는 삶의 방식을 조율해나가는 일처럼 느껴졌다. 지체장애를 가진 할머니와 함께 살던 집 안방에는, 할머니가 앉은 자리에서도 손이 닿는 위치에 문손잡이가 하나 더 달려 있었던 것처럼. 그리고 낯선 몸의 변화와 함께 혼란을 겪는 마음을 다독이는 일 또한 같은 훈련이었다.

"그럼에도 여전히 내 나이를 받아들이는 게 쉽지는 않아요.

마음속에서 여러 소란이 일어나죠. 지난가을까지만 해도 '내가 왜 이러나' 불쑥 화가 나고 울컥하던 때가 많았어요. 그래도 지금은 받아들여야 한다는 지점까지는 온 것 같아요. 모른 척 떼를 쓰는 시기는 지나온 거죠. 문득 내 늙음에 억울한 마음이 들 때면 지난 30년간 내가 산에서 봤던 자연을 떠올려요. 봄이 오면 그 뻣뻣하던 나뭇가지에 보드라운 잎이 나고, 여름이면 기세 좋게 무성해지다가도, 겨울이면 모든 것이 사그라들어 빈 가지로 돌아가잖아요. 그건 초라한 일이 아니에요. 겨울이 있기 전 가을과 여름과 봄이 있었다는 것. 자연에선 너무 당연한 흐름이죠. 그래야 새로운 것들이 태어나고 숲이 계속될 수 있으니까요. 생각해보세요. 모든 생명이 여름처럼 살아가기만 한다면 어떻게 될까요. 영원한 것은 없어요. 그러니 내 삶도 하나의 흐름 속에 있는 거라고, 억울해할 일이 아니라고 나를 달래며 살아가는 거예요."

선생님의 이야기를 듣는 동안, 지난해 가을 '노닐다' 회원들이 함께 열었던 '생전 장례식'◆을 다룬 기사가 문득 떠올랐다. 정애자 선생님을 비롯한 10여 명의 참가자들은 인간다운 죽음을 상상하며, 부고 초대장 만들고 묘비명 쓰며 저마다의 장례식을 연습했다. 엄숙하면서도 따뜻한 분위기 속에서 음식을 나누고, 손을 잡고 춤을 추며 살아 있는 동안 서로에게 덕담을 건네는 시간이었다고 기사는 전하고 있었다.[3] 그날 정애자 선생님이 쓴 초대장은 이렇게 시작한다.

'가을에 태어나 봄 여름 가을 겨울에 적응하며 살아온 날들 속에서 함께한 이웃들. 이 가을에 한자리에 만나고 싶어 초대하오니 오셔서 살아생전 덕담을 나눠주시면 감사하겠습니다.'

"내가 10월생이거든요. 여든 번이 넘는 가을을 살아왔으니 고마운 인연이 참 많죠. 나는 일제강점기에 태어났어요. 그땐 여자들 이름이 대부분 '자' 자로 끝이 났죠. '사랑 애'를 썼지만, 애자라는 내 이름이 마음에 들지 않았어요. 스무 살을 넘긴 어느 날, 무작정 길가에 있는 철학원에 들어가서 새 이름을 받았어요. '있을 재'에 '고울 연', 정재연. 나에게 좋다는 그 이름이 나도 마음에 들었어요. 공문서를 쓸 때 빼고는 사회생활을 하면서는 줄곧 정재연이라는 이름으로 살았죠. 사실 더 많은 이름이 있어요. 한때 시인이 되겠다는 생각으로 지은 '정숙', 외국에 나갈 때 썼던 이름 '앤'까지. 사는 동안 내 모든 이름을 기억하는 친구도 있고, 하나의 이름으로만 깊은 인연을 맺은 이웃도 있죠. 그들이 있어 사는 일이 덜 외로울 수 있었어요. 내가 여든여덟까지 살아 있다면, 그땐 그들을 초대해 생전 장례식을 열고 싶어요. 1년에 한 번을 보더라도 늘 나에게 힘이 되어주었던 사람들. 그들과 함께한 추억을 나눌 수 있을 때, 비로소 내가 살아온 삶이 어떤 의미였는지 이해할 수 있겠죠."

"그들에게 듣고 싶은 덕담이 있으세요?"

선생님은 잠시 생각에 잠겼다가, 천천히 말을 이었다.

"당신 참 열심히 살아왔어. 원하지 않는 세상에 태어나 괴로운 일도 많았지만, 끝내 자기 자신을 포기하지 않고 살아주었지. 고마워. 당신을 만나서 정말 반가웠어."

그날 선생님과 헤어지기 전, 나는 준비해간 책의 첫 장을 펼쳐 내 이름과 함께 짧은 메모를 남겼다.

"선생님 이름은 정재연으로 남길까요?"

조심스럽게 물었을 때, 선생님은 웃으며 말했다.

"정애자로 해야죠. 우린 정애자로 만났잖아."

정애자 님께.

아끼는 펜으로 선생님의 이름을 적었다. 우리가 머물던 카페의 통창 너머로, 사람들이 웃으며 지나가는 소리가 들렸다. 조금 뒤 선생님과 나도 저들이 걷는 거리 어딘가에서 헤어지겠지만, 이제는 다른 거리에서 마주친다 해도 한눈에 선생님의 모습을 알아볼 수 있을 거란 사실이 좋았다. 그때 오늘 우리가 나눈 이야기들도 자연스레 떠오르겠지. 그 순간 나는 알 수 있었다. 오늘 내가 만난 사람을 어떻게 기억하게 될지를. 자신의 삶을 끝까지 돌보며 살아낸, 정애자라는 이름으로 그녀를 오래 기억하게 되리라는 것을.

✧ 말 그대로 사람이 살아 있을 때 치르는 장례식으로, 미리 삶을 정리하고, 가족과 친구, 지인들에게 감사의 마음과 마지막 인사를 나누는 자리다. 일본에서는 1990년대부터 '생전 장례'가 알려지기 시작했고, 고령화와 함께 점차 확산됐다. 2025년 5월, 연극인 박정자 씨는 강릉의 한 해변에서 생전 장례식을 열었다. 그녀가 보낸 부고장에는 이렇게 적혀 있었다. "여든세 살, 나의 장례식에 당신을 초대합니다. … 우리가 함께 웃었던 순간을 안고 오세요."

> 말#2

우리는 시간이 필요한 거야

한 번쯤 키오스크 앞에서 허둥대는 노인들을 본 적 있지? 그중에 막 성질내는 노인들도 있잖아. 자기를 무시하는 거냐고, 왜 이런 걸 갖다 놨냐고 그러고. 사실은 그 사람들도 당황해서 그런 게 아닐까. 나름대로 열심히 잘 살아왔는데 나이가 드니까 못 하는 일이 너무 많이 생기는 거야. 자꾸 거부당하는 거야. 그게 아킬레스건이 되는 거지. 요즘은 세상이 너무 빠르잖아. 그러니 노인들도 기본적인 생활은 할 수 있게, 사회에 적응할 수 있게 가르쳐줘야 해. 노인들도 세상 살아가는 걸 배워야 해. 스스로에게 너무 실망하며 살아가지 않도록. 몸의 변화를 받아들이는 것도 그래. 노화가 어떻게 진행되는지 책으로도 배울 수 있지만, 막상 자기 일이 되면 수용하는 게 쉽지가 않아. 다들 어느 날 갑자기 자신이 늙었다고 생각하잖아. 몸이 말을 안 듣는다고 당황해하고. 우울해하지. 그래서 다들 노년에 적응할 시간이 필요한 거야. 우리나라도 이제 고령화 사회라고 떠들기만 하지 디테일한 계획이 하나도 없잖아. 나는 나라에서 유아교육을 하듯이 노년교육도 의무적으로 해야 한다고 봐. 사람들이 어떻게 늙어가고, 어떤 준비를 해야 하는지 가르쳐주면 좋겠어. 그렇게 같이 살아가면 좋겠어.

믿는 구석

넌 떠났지 이곳을

나를 떠나간 건 아니어도

남겨져 있는 난 이곳이 된 것만 같아

잔물결, 〈믿는 구석〉

밴드 잔물결의 노래 〈믿는 구석〉의 뮤직비디오는 여든네 살 '미애'가 보내는 어느 하루를 담고 있다. 첫 장면은 혼자 사는 '미애'가 거실 소파에 앉아 손톱을 깎는 모습이다. 조금 뒤 "긴 이별이 될 거라 알 수 있었지"라는 가사와 함께 노래가 시작되면, '미애'는 현관 거울 앞에 서서 옷매무새를 단정히 하고 집을 나선다. 어깨에 멘 크로스백엔 그녀의 추억이 담긴 오래된 비디오테이프가 들어 있다. 이후 이어지는 장면들은 그날 하루, '미애'에게 일어난 애틋하고도 신비로운 순간들을 보여준다. 그리고 긴 외출 끝에 미애가 다시 집으로 돌아왔을 때, 이 뮤직비디오의 가장 중요한 장면이 펼쳐진다. 하루의 끝에서 '미애'를 기다리고 있는 것은 무엇일까.

잔물결은 사랑하는 친구들이 만든 밴드다. 그중 베이스와 보컬을 맡고 있는 단도는 노래 가사를 쓰고, 뮤직비디오도 직접 만든다. 처음 〈믿는 구석〉의 뮤직비디오를 구상했을 때, 단도가 그리고 싶어 했던 이야기는 지금과는 조금 달랐다. 여든네 살 '미애'가 등장하는 건 같지만, 그녀가 보내는 특별한 하루를 현재가 아닌 과거에서 시작하고 싶어 했다. 그 이야기는 이렇게 시작된다.

어느 날 아침. 잠에서 깨어난 '미애'는 어쩐 일인지 자신이 서른넷이던 시절로 돌아왔다는 사실을 깨닫는다. 꿈인지 생시인지 혼란스러운 가운데 그녀는 이내 중요한 사실 하나를 떠올린다. 여든넷의 현재에선 더 이상 볼 수 없는 사람들, 그리운 이들이 모두 살아 있는 과거로 자신이 돌아왔다는 사실이다. '미애'는 서둘러 몸을 일으켜 오래도록 그리워했던 친구들을 하나 둘 찾아간다. 다가오는 미래를 아무것도 알지 못하는, 결국엔 자신보다 먼저 세상을 떠나게 될 친구들을. 그들이 나이 들며 겪게 되는 슬픔과 외로움을 알고 있는 '미애'는 자신이 할 수 있는 유일한 일을 한다. 그건 친구들에게 편지를 남기는 일이다. 가장 마지막까지 세상에 남아 있는 사람만이 약속할 수 있는 편지를. 그 편지는 이렇게 끝이 난다.

"사는 동안 내가 먼저 너를 떠나는 일은 없을 거야. 이 사실을 꼭 기억해."

'미애'를 연기한 현실의 미애 역시 자신의 삶에서 많은 이들을 떠나보냈다. 미애의 말을 빌리자면, 그녀가 너무 오래 살았기 때문이다. 그리운 어머니와 아버지. 함께 다니면 늘 자신보다 더 예쁘다는 소리를 들었던 여동생. 결혼하며 서울을 떠난 누나에게 "누나. 요즘 서울은 이렇게나 변했어"라며 살갑게 말해주던 남동생도 먼저 그녀를 두고 갔다. 자신이 사랑한 사람 중엔 이제 볼 수 있는 사람보다 볼 수 없는 사람들이 더 많다. 그들이 미애를 떠나간 건 아니지만, 미애는 그들이 없는 세상에 남겨졌다.

더 이상 볼 수 없는 사람 중엔 40년을 정답게 지낸 친구들도 있다. 50년 전 서울에서 진해로 시집왔을 때, 미애는 자신이 허허벌판에 서 있는 허수아비처럼 느껴졌다. 가족도 친구도 없는 곳에서 미애는 시어머니 눈치를 보느라고 대문 밖도 잘 나가지 못했다. 그런 미애에게 마음 붙일 구석이 생겨난 건 첫아이가 유치원에 가고부터였다. 또래 엄마들과 하나둘 얼굴을 트고 마음을 주면서 열 명이 넘는 여자들과 한 모임이 됐다. 유치원에 다니던 아이가 고등학교를 졸업해 집을 떠날 때까지, 그리고 그 아이가 결혼해 아이들을 낳아 기를 때까지 모임은 계속되었다. 회동 장소는 항상 누군가의 집이었다. 거실에 모여 앉아 그즈음 가장 맛있는 음식을 나눠 먹고, 배부르면 얇은 보 하나 깔아 화투를 치고, 흥이 오르면 크게 노래도 부르고, 몸이 노곤한 날엔 나란히 누워 낮잠을 잤다. 가끔 미워하고 질투 나는 일도 있었지만, 가족보다 내 맘을 더 아는 여자들과 큰돈 들여 해외여행도 다녀왔다. 덕분에 혼자서는 가지 못했을 먼 곳의 신기하고 아름다운 것들을 보며 살았다. 지금도 사진첩을 펼치면 낯선 나라에서 카메라를 보고 웃는 낯익은 얼굴들이 있다. 그중 이제는 보지 못하는 이들의 이름을, 미애는 가끔 떠올린다. 돈 때문에 미애를 배신하고 떠난 사람 둘. 세상을 떠난 사람 셋. 요양원으로 간 사람 둘. 미애는 여전히 제 곁에 남아 있는 사람들을 헤아리면서 손가락을 하나씩 접었다. 하나, 둘,

셋. 그렇게 다섯을 넘어가지 못했을 때, 미애는 뒤늦게 그 사실을 알아차린 사람처럼 짧게 탄식했다. 엄마야. 이젠 절반도 안 남았네.

그리운 사람 중엔 요양원으로 가면서 소식이 끊긴 정란 언니가 있다. 20년 전 미애는 믿었던 친구에게 큰돈을 떼였다. 돈도 돈이지만 그 애가 자신에게 어떻게 그럴 수 있나 싶어 배신감에 일주일을 내리 굶었다. 그런데도 숨이 붙어 있어, 미애는 콱 죽어버리고 싶은 심정으로 살 궁리를 해야 했다. 그때 눈에 띈 것이 그동안 선물 받아 모아둔 양주들이었다. 양주가 귀해 팔면 돈이 되던 시절이었다.

"내가 이 양주를 갖다 팔아야 하는데 도무지 용기가 안 나는 거라. 그래서 정란 언니한테 하소연한다고 전화를 했어. 언니야 우짜노. 부끄러워서 혼자서는 못 가겠다. 그러니까 언니가 그러는 거야. 미애야. 그거 들고 지금 우리 집으로 온나. 사실은 내가 그 말을 기다렸는지도 몰라. 염치도 모르고 양주 몇 병 챙겨서 그 집으로 찾아갔다. 그렇게 가놓고는 아무 말도 못 하고 쭈뼛대고 있으니까, 언니가 양주값 넉넉하게 친 돈하고 애들 먹이라고 미제 햄 몇 개를 손에 쥐여주는 거라. 그때는 수중에 애들 반찬값도 하나 없었거든. 그 햄을 우리 애들이 진짜 맛있게 먹었다. 너무 맛있게 먹어서 눈물이 다 났다. 사는 내내 그 기억이 절대로 안 잊혀. 근데 그래 좋은 언니도 자식 따라 서울 가드만 치매가 와서 요양원에 갔다. 지금은 어디 있는지 소식도 모르고, 거기는 한 번 들어가면 이제 죽을 때까지 못 보는 거야."

먼저 죽은 친구 중엔 지금도 미애의 마음을 미어지게 하는 사람이 있다. 자신을 친언니처럼 따르던 두 살 아래 경민이다. 구김살 없고 명랑해 미운 구석이 없던 사람. 미애가 만든 양갱과 양장피를 제일 맛있게 먹던 사람. 아무 때나 우스운 이야기를 잘해 미애를 곧잘 웃게 했던 사람. 눈치가 빨라 말 못 할 마음도 구석구석 알아주던 사람. 그런 경민이 어느 날 세상을 등지고 싶을 만큼 서러운 일을 겪었을 때, 미애는 며칠 밤을 가슴 졸였다. 언젠가 자신이 그랬던 것처럼, 경민이 혼자서 나쁜 마음을 먹을까 봐. 이렇게 살 바에 콱 죽어버리고 싶다고 생각할까 봐. 그래서 경민이 마치 아무 일 없었다는 듯 집에 놀러 와 다시 밥을 먹고 화투판에 끼어들 때, 그 애 속이 까맣게 타들어 간 줄 알면서도 미애는 신에게 감사했다. 쟤가 다시 맘 붙이고 살 건가 보다. 안 죽고 살려나 보다 몰래 가슴을 쓸어내렸다.

"경민이가 입버릇처럼 하던 말이 있었어. 언니야. 나중에 더 늙어서 벽에 똥칠하고 살아도 걱정하지 마라. 내 손으로 다 치워줄게. 그거 별거 아이다. 진짜 별거 아이다…. 그래놓고 지가 암으로 먼저 갔잖아. 병원에 가라, 가라 해도 그리 안 가더만 은. 그래 허망하게 죽었다."

경민의 장례를 치르고 몇 년이 흘렀지만, 미애는 웃긴 일이 있을 때면 여전히 경민을 떠올린다.

"경민이랑 자주 하던 게 뭐냐면 걔가 웃긴 소리를 할 때마다 내가 '기집애야, 지랄하지 마라' 하면서 내 어깨로 걔 어깨를 툭 쳤어. 그러면 실제보다 더 웃음이 나는 거야. 내가 걔랑 웃는 게 잘 통했거든. 걔 죽고 나서는 막 웃음이 나도 어깨를 칠라고 보면 아무도 없어. 그런 게 허전해. 지금도 혼자 동네를 걷다가 걸음이 탁 멈춰서 보면은 경민이 살던 집이야. 몇 년 전에 경민이 집을 허물고 다른 사람이 새집 짓고 살거든. 그래도 내 발걸음이 딱 알고 멈춰. 그러면은 나 혼자서 중얼대는 거야. 기집애야. 기집애야…."

그래서 미애는 친구들을 만날 때마다 당부한다. 조금이라도 아프면 병원에 가라. 같이 갈 사람 없으면 나한테 연락해라. 그래야 산다. 그래야 우리가 한시라도 더 본다. 미애는 자신의 삶에서 또 누구를 떠나보낼지 생각하면 쓸쓸해진다.

"떠난 사람들이 너무 보고 싶으면 혼자 하늘을 쳐다본다. 다들 어디에 있나. 저기 끄트머리에 있나. 그냥 보고 있는 거야. 그러면 즐거웠던 기억이 막 떠올라. 기억은 잠들지 않잖아. 지금은 좀 외롭고 쓸쓸해도 그 사람들이랑 살았던 내 삶이 좋아. 안 그러면 내가 무슨 재미로 살았게."

〈믿는 구석〉 뮤직비디오 엔딩에는 혼자 집으로 돌아온 '미애'를 반갑게 맞아주는 이들이 나온다. 사는 동안 '미애'를 먼저 떠나간 사람들, '미애'가 다시 한번 보고 싶었던 사람들이다. 그들을 만난 '미애'의 얼굴에 서서히 미소가 번지는 모습은 이 뮤직비디오에서 내가 가장 사랑하는 장면이다.

완성된 뮤직비디오를 보고 난 후, 미애는 마지막 장면이 제일 가슴에 사무친다며 말했다. 요즘엔 저 먼 곳에서 자신을 데리러 오는 발소리를 기다리는 마음으로 산다고. 그러면서도 여전히 미애가 더 기다리는 건 살아 있는 내일이다. 다음 날이 되면 미애는 언제나처럼 아침 일찍 자리에서 일어나 달력에 적어둔 할 일을 확인하고, 날씨와 기분에 따라 좋아하는 옷을 꺼내 입고, 삶의 활력소인 복지관에 부지런히 나가고, 친구들에게 전화를 걸어 병원에 다녀왔느냐고 물어볼 것이다. 그러다 어느 순간 자신을 데리러 온 발소리 들려오면 미련 없이 이 삶을 떠날 채비를 하겠다고 미애는 다짐한다. 가본 적 없는 먼 곳에서 들려오는 발자국 소리. 그 소리엔 어머니 아버지의 발소리도. 남동생과 여동생의 발소리도. 매일 같이 대문을 열고 명랑하게 찾아오던 친구들의 발소리도 있다.

이 글의 주인공인 미애님을 처음 만난 건 10년 전, 한 사회복지관에서였다. 그때 나와 단도는 복지관에서 사진 수업을 진행하고 있었고, 미애님은 수강생 중 한 분이었다. 미애님은 한참 어린 우리에게도 늘 '선생님'이라 깍듯이 불러주셨고, 우리도 유쾌하고 다정한 그분을 유독 좋아했다. 몇 달간 수업을 함께하면서 자연스레 대화도 잦아졌고, 그 속에서 알게 된 것들이 생겨났다. 50년 전, 고향인 서울을 떠나 진해로 시집오셨다는 것. 젊은 시절엔 길을 걷기만 해도 사람들이 힐끔힐끔 돌아볼 만큼 미인이었다는 것. 그리고 그런 미애님의 꿈이, 영화배우였다는 것. 그때 우리는 미애님이 보여주신 '젊은 미애'의 사진을 함께 들여다보며 "정말 배우 같다" 하고 감탄했었다.

그로부터 10년이 흐른 뒤, 단도가 뮤직비디오 주인공으로 80대 할머니를 찾게 되었을 때, 가장 먼저 떠오른 사람이 그녀였다. 그렇게 미애님은 여든넷에 인생 첫 주연작을 만났다.

> 말#3

여든넷에도 코르셋을

나는 처녀 때부터 지금까지 신체 사이즈가 바뀐 적이 없어. 언제나 예쁜 옷을 입을 수 있는 몸을 유지하고 싶었거든. 그래서 결혼하고 아이를 가졌을 때 빼고는, 한 번도 코르셋을 풀고 살아본 적이 없어. 그건 여든넷인 지금도 마찬가지야. 여기 만져봐, 오늘도 하고 나왔지.

난 운동화 신는 것도 싫어했어. 뾰족구두를 신고 또각또각 걸을 때만 진짜 내가 되는 것 같았거든. 몇 년 전에 다리를 크게 다쳤을 때도 다시는 구두를 신지 못할까 봐, 그게 제일 걱정이었지.

나는 내가 힘이 있을 때까지는 계속 꾸미면서 살고 싶어. 코르셋도 계속할 거고, 웬만하면 구두도 신고 살 거야. 옷장을 열면 가지런히 걸려 있는 나의 원피스들. 언제까지나 유행의 첨단을 걷고 싶어.

✧ 미애님이 "나답게 나이 드는 건 어떤 걸까요?"라는 질문에 들려주신 이야기다. 나는 언제나 큰 사이즈 옷과 운동화를 즐겨 신는다. 그 모습이 나답다고 믿는다. 그렇다면 그녀에게는, 여든넷에도 코르셋과 구두를 포기하지 않는 삶이 곧 '나답게 나이 드는 일'일 것이다. 이렇게나 다른 '나다움'이 재미있어서 옮겨적었다.

다른 누구도 아닌 미연

+ *

 "내가 무슨 잘못을 했길래"라는 혼잣말로 시작하는 소설을 쓰고 싶었다. 배경은 한 요양병원 6인실. 주인공인 79세 정애는 침대에 앉아 건너편 침대에 누운 명희를 보고 있다. 스스로 할 수 있는 건 고개를 움직이는 것뿐인 명희에겐 이틀에 한 번씩 병실로 찾아오는 막내딸이 있다. 야쿠르트 배달원으로 근무하는 딸은 올 때마다 같은 병실의 할머니들에게 빨대를 꽂은 야쿠르트를 나눠준다. 맛있게 드시고 건강하시라는 살뜰한 인사와 함께. 정애는 자신의 손에 들린 야쿠르트를 보며 몇 달째 오지 않은 아들을 떠올린다.

"나는 무슨 잘못을 했길래 여기에 오게 됐을까."

하루에 세 차례 기저귀를 가는 간병인이 옆 침대 노인의 엉덩이에 파우더를 바르는 저녁. 정애는 창문도 마음대로 열 수 없는 병실에서 아무 말 없이 누워 있는 노인들을 보며 생각한다.

'무슨 잘못을 해서 여기에 온 게 아니다. 다들 늙어서 여기로 왔다.'

한 요양원으로 봉사활동을 갔을 때 만난 미연 할머니도, 소설 속 정애처럼 자신이 늙었기 때문에 이곳에 왔다고 했다. 더디더라도 스스로 걷고, 밥을 먹고, 화장실에 갈 수 있었지만, 자식에게 짐이 되고 싶지 않아 아흔이 되던 해에 자진해서 요양원에 들어왔다고. 미연 할머니가 있는 요양원은 4층 규모의 건물에 80여 명의 노인이 머물고 있었다. 처음 봉사활동을 간 날은 입소 노인들의 목욕이 있는 날이었다. 일주일에 두 번. 노인들은 정해진 날짜에 요양보호사와 봉사자의 도움으로 머리를 감고 몸을 씻을 수 있다고 했다. 누군가는 휠체어에 앉아서 누군가는 간이침대에 눕혀진 채로 공용 욕실로 이동하는데, 한 할머니가 오늘은 목욕하고 싶지 않다고 말했다. 아침에 새로 붙인 파스가 아까워 내일 씻고 싶다는 거였다. 그 말에 곁에 있던 요양보호사가 능숙하게 할머니의 휠체어를 밀며 대답했다.

"안 돼요. 어르신. 오늘 목욕 안 하면 토요일까지 기다리셔야 해요."

20분쯤 지났을까. 목욕을 마친 할머니들이 하나둘 같은 샴푸 냄새를 풍기며 돌아왔다. 그중 안전 손잡이를 짚으며 걸어오는 한 할머니의 손을 잡고 그가 지내는 '사랑채움방'으로 함께 들어갔다. 여섯 명의 노인이 함께 쓰는 방엔 각자의 침대가 좁은 틈을 두고 놓여 있었다. 창문이 작아서 형광등 불빛으로 밝힌 방. 소리 없이 화면만 나오는 텔레비전이 그 방의 첫인상이었다. 손을 붙잡고 따라간 할머니의 침대는 창문과 가까운, 가장 안쪽 자리에 있었다. 침대에 다다르자 할머니가 이불을 걷으며 잠깐 앉았다 가라고 말했다. 자신의 집에 찾아온 반가운 손님을 맞이하는 것처럼. 조금은 능청스럽게 "그럴까요" 하며 옆에 앉았다. 내 얼굴을 살펴보는 할머니에게 이름이 무엇인지 물었다. 늙은이 이름은 알아서 뭐하냐고 하면서도 할머니는 좋아하는 이야기를 들려주듯 대답했다. 내 이름은 미연. 정미연. 우리 시대 이름치고는 세련됐다는 말을 자주 들었지. 나이를 말할 때는 너무 많이 먹어서 무서운 나이라고도 했다. 살다 보니 어느새 아흔세 살이 되어버렸다고.

침대에 걸터앉은 미연 할머니는 발치에 놓인 서랍장으로 손을 뻗었다. 한 번에 잘 열리지 않을 것 같은 플라스틱 3단 서랍장이었다. 제일 위 칸을 여니 옥색 손거울과 자개 장식이 있는 빗이 눈에 띄었다. 그제야 목에 두른 연분홍 스카프도, 파란색의 얇은 안경테도 눈에 들어왔다. 한 사람이 고심해서 고른 물건이라는 게 느껴졌다. 미연 할머니는 거울을 보며 세심하게 가르마를 타고는 두 번째 서랍을 열었다. 스킨과 로션이 담긴 여행용 플라스틱 용기가 데구루루 굴렀다. 이건 자신의 안목이 아니라는 걸 알려주고 싶었는지, 미연 할머니는 말했다.

"원래는 유리병에 담겨 있던 건데 여기서 유리병은 안 된다고 해서…."

알고 있다. 요양시설은 조금이라도 입소자 본인과 타인을 해칠 가능성이 있는 물건은 반입을 제한한다. 대개 소지품을 둘 수 있는 개인 공간도 협소해서 그 사람이 가질 수 있는 물건은 손으로 셀 수 있을 정도다. 한 사람의 생활이 그만한 크기로 축소되는 것이다. 몇 년 전 요양병원에 입원한 할아버지가 견디기 어려워했던 것도 자신이 익숙하게 사용하던 물건들, 자신의 취향에 맞게 고른 물건들을 소지할 수 없을 때였다. 어느 날엔 본인 손으로 과일을 깎아 먹고 싶다며 간호사 몰래 과도를 챙겨달라고 한 적이 있었다. 물론 그 바람을 들어드릴 수 없었지만. 그때가 생각나 미연 할머니에게 물어보았다. 혹시 집에서 가져오고 싶은 물건이 있으시냐고. 할머니는 늘 생각이라도 한

듯 쓰메끼리(손톱깎이)라고 대답했다.

"손톱깎이는 왜요?"

"평생 내 손톱은 내가 깎아왔는데 남이 깎아주니까 영 마음에 안 들어. 이것 봐. 가지런해야 예쁜데 울퉁불퉁하잖아."

그러면서 할머니는 손가락을 펼쳐 보였다. 그녀의 말대로 손톱 모양이 일정하지 않아 만져보니 까끌까끌했다. 내 손으로 손톱을 깎는 일이 바람이 되다니. 늦은 밤 고요한 방에서 오직 손톱 깎는 소리에만 귀를 기울일 때 찾아오던 편안함이 생각났다. "아무 말 없이 손톱을 깎는 시간만이 하루 중 유일하게 내 시간처럼 느껴진다"라고 일기에 적었을 만큼.

목욕 후엔 체조 시간이 예정돼 있었다. 거실처럼 쓰이는 공용 공간에 트로트 음악이 흐르자 요양보호사가 방에서 할머니들을 모시고 나왔다. 쪼매만 더 누워 있고 싶다는 한 할머니에겐 보호사가 "어머니. 그러면 사진만 얼른 찍고 들어와서 다시 주무이소"라고 다독였다. 그 말에 할머니도 더 이상은 싫다 하지 않고 몸을 일으켰다. 보호사의 난처함을 헤아려주는 일이었을 것이다. 그 할머니와 다르게 미연 할머니는 "체조하러 가야지"하고 침대를 짚고 일어섰다. 그녀의 손을 잡고 공용 공간으로 나가니 스무 명 남짓한 할머니들이 모여 있었다.

체조 시간은 20분가량 이어졌다. 유튜브 화면 속 신나게 율

동하는 강사의 모습과 다르게 할머니들은 대개 움직임이 없었다. 밤이면 치매 증세가 심해서 잠을 못 잔다는 한 할머니는 휠체어에 기대 깊은 잠에 빠져 있었고, 다른 할머니들은 멍하니 화면만 보거나 손가락으로 박자만 탔다. 그중 미연 할머니만 어려운 동작도 곧잘 따라 했다. 아는 노래가 나오면 크게 흥얼거리기도 했다. 그 모습이 보기 좋아 할머니에게 물었다. 젊을 때부터 춤추는 걸 좋아하셨느냐고.

"그랬지. 춤춘다고 몸이 닳는 것도 아니고 난 춤추는 게 좋았어."

일곱 살쯤부터였나. 미연 할머니는 어디선가 음악이 흘러나오면 저절로 몸이 움직여졌다고 했다. 한 번도 춤을 배운 적은 없지만 트로트에도 추고, 가요에도 추고, 영어 노래에도 자연스럽게 춤이 나왔다. 춤을 추고 있으면 너무 신이 나고 자기 자신이 가벼운 바람처럼 느껴졌다. 어른들은 그런 자신을 보고 춤바람이 난다고 했지만, 어머니는 한 번도 딸을 나무란 적이 없었다고 했다. 저 아이가 춤추고 싶은 대로 놔두라며, 그저 박수를 쳐주었던 게 기억난다고.

"젊었을 때 나만큼 춤췄던 사람 없었을 거야. 나 같은 사람 세 사람만 있어도 세상이 심심하지 않겠다고 그랬지. 이젠 다 까먹어버렸지만."

체조가 끝나고 할머니들은 다시 자신의 침대로 돌아갔다. 오후엔 예정된 프로그램이 없으니 점심과 저녁을 먹고 8시쯤 소등이 되면 하루가 끝날 것이다. 누군가는 스르르 잠이 들고, 누군가는 잠이 올 때까지 마음속으로 기도를 외울지도 모른다. 작은 기척에도 놀라 캄캄한 주위를 두리번거리면서. 몇 년 전 요양병원에서 긴 밤을 보냈던 나의 할머니가 그러했던 것처럼.

봉사 시간이 끝나고 인사를 하기 위해 미연 할머니에게 찾아갔다. 침대 정면에 있는 창문 너머로 아파트 몇 채가 보였다. 체조하러 나가기 전, 미연 할머니는 손가락으로 창밖을 가리키며 내게 말했다. 저기 보이는 저 아파트가 자신이 살던 집이라고. "집에 가고 싶으세요?"라고 물으니 가고 싶다는 말 대신 가지 않을 것이라는 대답이 돌아왔다. 지난 명절에도 여기 원장님이 집에 다녀오라고 했지만 자신은 가지 않았었다고. 왜 안 가셨냐는 물음에 미연 할머니는 말했다.

"집에 가면 다신 여기 안 오고 싶어질 거니까."

그 말에 대답 대신 고개만 작게 끄덕였다. 그렇군요. 당신은 여기에 있어야 한다고 생각하는군요.

미연 할머니의 손등을 어루만지며 이제 간다는 인사를 하고 방을 나섰다. 낮에는 항상 열려 있는 출입문 옆에는 이 방에서 지내는 이들의 이름이 적혀 있었다. 순연, 복남, 순덕, 옥선, 외순, 미연. 그중 내가 아는 유일한 이름인 미연에 눈길이 머물렀다. 연분홍 스카프와 파란색 얇은 안경테가 잘 어울리는 미연. 옥색 거울에 자개 장식이 있는 빗을 쓰는 미연. 자신이 마음에 드는 모양으로 손톱을 깎고 싶은 미연. 음악이 나오면 자연스럽게 몸이 움직이는 미연. 사람들 앞에서 춤추기를 좋아했던 미연. 너 같은 사람만 있으면 세상이 심심하지 않을 거라는 말을 들었던 미연. 나는 이제 그 요양원을 떠올릴 때면 구체적인 미연을 기억한다. 구체적인 미연이 내게 알려준다. 하나. 하나. 모두 다른 삶이 여기에 있다는 걸 잊지 말라고.

신은 안 와도 개는 온다

보자. 내가 일흔여섯이니까 남편 죽고 혼자 산 지 이제
7년째 됐네. 주변에선 나보고 영감 기저귀 한번 안 갈았다고
부럽다고 하는 사람도 있어. 우리 영감이 나 고생 안 시킬라고
했는가, 자는 중에 갑자기 돌아가셨거든. 살면서 내한테
잘해준 것도 없고 좋은 기억도 짜다시리(특별히) 없는데,
그래도 죽고 나니깐 허전하고 그립데. 처음 몇 년은 어디
가서 남편 죽었단 소리도 안 꺼냈어. 왜 그랬는가 몰라. 혼자
됐다고 말하는 게 입이 안 떨어지드라고. 그래도 삼시 세끼
징글징글하게 밥 안 차려도 되는 거, 그거 하나는 좋데.
이제는 내 먹고 싶을 때 먹으면 되니까 그건 아주 땡큐지.

이 나이 돼서 혼자 살면 제일 힘든 게 시간이라. 젊을
때는 돌아서면 점심이고 돌아서면 저녁이더만. 이제는
죽어라고 시간이 안 가. 해 떠 있을 때는 경로당에
가든가 시장이라도 가지. 초저녁에 잠깐 잠들었다 깨면
그때부턴 새벽까지 고문이야. 암만 잘라고 해도 죽도록
잠이 안 온다. 그래놓고 낮 되면은 꾸벅꾸벅 조는 거야.

그래 조니까 밤엔 또 말똥말똥하지. 그게 반복이야.

내가 너무 외로우면 부르는 친구가 있어. 김현숙이. 시집
안 가고 평생 혼자 사는데 걔가 나보다 잘 살아. 밥도 잘
먹고 어디 다니기도 잘 다닌다. 내가 전화해서 하루 자고
가라고 하면 맨날 바쁘다고 귀찮다 해. 그래놓고 있제.
저녁 전에는 꼭 온다. 와서 찌개도 끓여주고 테레비도 같이
보고 잠도 같이 잔다. 걔가 있으면 쪼매라도 잠이 오거든.
설날 때도 있잖아. 떡국 한 냄비를 맛있게 끓여가지고 우리
집에 찾아온다. 걔 덕분에 내가 한 해도 안 까먹고 나이를
먹었잖아. 아니면 지 혼자 안 늙을라고 내를 먹였나?

현숙이가 하룻밤 자고 이제 집에 간다고 하면 내가
만날 귀찮게 해. 현숙아. 하루만 더 자고 가라. 하루만
더 자고 가라. 그러면 또 이런다고 퀙 구박하고선,
꼭 3일은 자고 가. 3일이 딱 현숙이 인심이야.

내가 하루 종일 집에만 있으니까 현숙이는 나보고 복지관에
가래. 그림을 그리든 서예를 하든 뭐라도 하라면서. 그런데 이
나이에 내가 뭘 해볼까 싶고. 아무것도 안 하고 싶다 하면 자기
따라서 하느님을 믿으래. 걔가 성당을 오래 다녔거든. 자기는
기도하고 있으면 하나도 안 외롭고 시간이 잘 간대. 근데 나는
모르겠어. 하느님이 나랑 밥을 먹어주나. 테레비를 봐주나.
약 먹으라고 잔소리를 해주나. 나한테는 현숙이가 더 낫지.

요 며칠 전에 자고 갔으니까 이젠 열흘 있다가 또
전화해봐야지. 현숙아. 오늘 하루만 내 옆에서 자고 가라고.
그러면 또 귀찮게 한다고 뭐라 하거든? 그래도 걔는 온다.
신은 안 와도 걔는 와. 그러니까 내가
뭐하러 기도를 해. 안 그렇나.

2부

우리의

노년을

겹쳐보면서

어떻게 살아야 할까요

윤자님을 알게 된 건 동료 작가의 소개였다. 지난해 1월, 동네에 글쓰기를 배우고 싶어 하는 할머니가 있는데 만나보지 않겠냐는 말을 들었을 때 고민 없이 그러겠다고 했다. 그녀의 나이가 여든이라는 사실에 마음이 약해졌고, 여든이기 때문에 나 역시 배울 점이 있으리란 생각에서였다. 마침 무엇이든 시작하기 좋은 새해였다. 얼마 후 동네 작은 카페에서 윤자님을 만났다. 아는 건 이름과 나이뿐이었지만 첫눈에 누구인지 알아볼 수 있었다. 카페에서 할머니 손님은 그녀가 유일했고, 테이블엔 노트와 연필이 올려져 있었다. 걸어가는 동안 나를 알아본 그녀가 먼저 알은체를 했다. 생강차에서 따뜻한 김이 오르는 것이 보였다.

그날을 시작으로 일주일에 한 번, 우리는 동네 카페에서 만나 글쓰기를 가르치고 배웠다. 수업료는 커피 한 잔으로 정했다. 평일엔 노인일자리 근무로 바쁜 그녀였지만 매주 한 편씩 성실하게 글을 썼다. 그녀에게 글쓰기는 여든에야 시작할 수 있게 된 것. 길어도 5년 정도만 자신에게 허락된 일이라 생각했기 때문이다. 최근 떨리기 시작한 손으로 힘주어 쓴 글들엔 그녀의 긴 인생에서 잊을 수 없는 일들이 고백처럼 담겼다. 윤자님은 자신이 쓴 글을 낭독하는 시간을 좋아했고, 때로는 글에 다 쓰지 못한 이야기를 내게 들려주기도 했다. 삶이 그녀에게 어떤 방식으로 빛과 그늘을 보여주었는지. 크고 작은 파도가 무엇을 남기고 또 데려갔는지. 어떤 날엔 글쓰기는 접어두고 최근에 있었던 일과 서로의 고민을 말하는 데 시간을 다 보냈다. 한동안 타인과 관계 맺는 일에 멀어져 있던 나는 한 사람을 이토록 친밀하게 알아가는 시간이 낯설고 반가웠다. 그러니 우리가 보낸 시간은 내 삶에도, 그녀의 삶에도 뜻밖의 우정을 쌓아가는 날들이 아니었을까.

한 사람과 가까워진다는 건, 그 사람의 기쁨과 슬픔도 함께 가까워진다는 걸 뜻했다. 윤자님과 보낸 날들을 돌아보면 그녀가 내게 처음 낙담한 얼굴을 보인 건 작년 봄이 시작될 무렵이었다. 수업이 있던 날. 매번 카페에 먼저 와 있던 그녀가 보이지 않아 주변을 둘러보니 건물 모퉁이에서 심각한 얼굴로 통화하는 모습이 보였다. 오래지 않아 그녀는 풀이 죽은 모습으로 카페 안으로 들어왔다.

"작가님. 어쩌죠. 제가 보험이 다 됐다네요."

"보험이 다 됐다니요?"

"보험 만기가 여든이라서 며칠 있다 보험이 실효된답니다."

그랬다. 윤자님이 보험에 가입할 무렵엔 여든이 아주 먼 나이처럼 느껴졌다고 했다. 아무리 100세 시대라지만 그게 내 일은 아닐 거라고, 여든이면 충분히 살았겠지 싶은 마음이었다고. 그런 그녀에게 여든이 다가왔다. 다니는 병원도, 가야 할 병원도 점점 늘어나는데 보험 보장 기간이 먼저 끝나버렸다.

"우리 나이는 보험사에서 잘 안 받아준다던데. 큰일이에요."

윤자님에겐 전보다 더 오르게 될 보험료도 부담이었다. 그날 나는 알게 되었다. 나이가 들면 보험도 잃는다는 걸.

사실 여든이 되며 그녀가 잃은 건 보험만이 아니다. 윤자님과 함께하는 날들이 길어질수록, 그녀의 근황이 대부분 무언가를 잃는 일이라는 걸 알게 되었다. 가장 두드러진 상실은 노쇠로 취약해진 몸에 관한 것이었다. 봄을 지나며 부쩍 글씨를 보는 게 어렵다고 말하던 그녀는 얼마 안 가 백내장 수술을 했고, 잦은 요의로 예상치 못한 실수와 잠을 설치는 일이 늘었다. 손가락에 힘이 빠져 물건을 자주 놓쳤고, 어깨 통증이 심해져 옷을 혼자 입는 것도 힘들어졌다. 평소엔 충분히 걷던 거리도 중간쯤 가다 보면 무릎이 아프고 숨이 찼다. 오십보단 육십에, 육십보단 칠십에 더 힘이 들던 것과는 체감이 다른 변화였다. 몇 달 전에는 가능했던 일들이 깨진 컵에 따른 물처럼 쪼르르 그녀의 삶을 빠져나갔다. 윤자님은 자주 혼잣말하듯 말했다.

"요즘엔 정말 왜 이러는지 모르겠어요."

자존감을 잃는 일도 자주 찾아왔다. 하루는 출근길에 탄 버스에서 기사에게 '노인네'라는 소리를 들었다. 바쁜 시간에 버스에 빨리 올라타지 못했다는 이유였다. 비난 섞인 목소리에 놀라 윤자님은 미안하다고 사과했다. 온몸 구석구석이 아파 찾아간 병원에선 '어머님 연세엔 다 그렇습니다'라는 이야기를 들었다. 의사에게 제대로 말을 못 할까 봐 어디가 어떻게 아픈지 세세하게 적어 간 종이가 무안했다.

'내 나이엔 다 그렇다는 게 뭘까. 노인들을 그저 도매가격으로 퉁치는 것처럼….'

윤자님은 자신의 늙음에 새삼 놀라는 일이 많아졌다. 이렇게

까지 늙을 줄은 몰랐던 탓에. 처음 늙어본 탓에.

"작가님. 그동안 저는 제가 노인이라는 생각을 안 하고 살았어요. 웃기지요. 남들 눈에는 그냥 죽을 날 받아놓은 노인네일 건데. 나는 아직 마음이 젊으니까, 하고 싶은 것도 많고 혼자서도 잘 걸을 수 있으니까 노인은 멀었다 싶었어요. 노인은 진짜 늙은 사람 같았거든요. 이제는 조금씩 받아들여지네요."

지난해 10월, 윤자님은 일자리를 잃었다. 극심한 어깨 통증으로 찾은 대학 병원에서 '회전근개 파열' 진단을 받았고, 빠른 수술이 필요하다는 말을 들었다. 수술을 받으면 회복에만 몇 달이 걸린다고 했다. 노인일자리 사업으로 3년째 어린이집 도우미로 근무해온 그녀에게 일자리는 중요한 생계원이자, 삶을 긍정하는 힘이었다. 매일 아침에 일어나 갈 곳이 있다는 기분 좋은 책임감. 출근하고 돌아오는 길에 마주치는 일상의 세세한 기쁨. 언젠가 그녀는 '나는 사랑한다'라는 문장으로 시작하는 글을 쓴 적이 있다.

'나는 사랑한다. 이른 새벽. 베란다에서 하루가 밝아오는 풍경을 바라보는 일을. 나는 사랑한다. 아파트 문을 나설 때 나를 깨우듯 얼굴에 닿는 차가운 바람을. 나는 사랑한다. 출근하는 사람, 등교하는 학생들로 가득 찬 아침 버스 정류장을. 그

틈에 서 있으면 사람들은 나이 든 나를 신기한 듯 쳐다본다. 가끔 같은 버스를 타는 고등학생이 늦을 때면 혼자서 마음이 조급하다. 왜 안 오나 싶어 고개를 빼고 쳐다보면 저 멀리서 가방을 덜렁거리며 뛰어오는 모습이 보인다. 그 순간 나는 행복해진다.'

윤자님에겐 이런 일들도 소중하게 남아 있다. 출근길 만원 버스 창밖으로 하얗게 흩날리는 벚꽃을 보았을 때. 어린이집에서 자신을 '함미'라고 부르던 4세 반 아이가 어느 날 '할머니'라고 부르며 달려와 안겼을 때. 어깨가 너무 아팠던 날, 같이 일하는 열 살 어린 동생이 "내가 언니 몫까지 더 하면 되니까 쉬고 있어요"라고 말해주었을 때. 퇴근 후 녹초가 된 몸으로 공원 벤치에 앉아 있는데, 조금 전까지 흐렸던 하늘이 거짓말처럼 맑아지는 걸 보았을 때. 그 순간 내리쬐던 햇빛이 깨끗한 희망처럼 느껴졌을 때. 일자리를 잃는다는 건, 그런 기쁨들과도 멀어진다는 뜻이었다. 윤자님이 어렵게 마음을 정하고 어린이집을 그만둔 날. 우리는 늘 대화를 나누던 동네 카페에서 만났다. 마주 앉은 그녀의 눈빛에서 본 적 없는 깊은 상심이 느껴졌다.

"저는요. 제가 항상 씩씩할 줄 알았어요. 몸이 좀 지치고 힘들어도 곧 이겨내겠지, 금방 괜찮아지겠지 싶었어요. 나는 궁정적이니까, 같이 일하는 동생들도 언니는 그 나이에 어쩜 그렇게 밝게 사냐고 그랬으니까. 그런데 아니에요. 몸이 아프니까 마음이 너무 약해져요."

"작가님…. 이제 저는 어떻게 살아야 할까요?"

그날 윤자님이 내게 조심스럽게 건넨 그 말을, 지금도 또렷이 기억하고 있다. 여든이 서른일곱에게 혼잣말하듯 물었던 말. 이제 저는 어떻게 살아야 할까요. 그 순간 나는 어떤 말을 해야 할지 몰라 잠시 말을 잃었다. 여든에도 여전히 이 질문을 하게 된다는 사실이 놀라워서. 짐작만으로는 알 수 없는 여든의 마음이 막막하게 느껴져서. 내게 정답을 구하는 물음이 아니란 건 알았지만, 그녀에게 힘이 되는 어떤 말이라도 전해주고 싶었다. 그러려면 아직 살아보지 않은 시간을 애써 헤아려보는 마음이 필요했다. 40년 후, 여든이 된 나라면 어떤 말을 가장 듣고 싶을까. 초조하게 무언가를 떠올리려 애쓰고 있는데, 어느새 다가온 카페 주인이 윤자님의 잔에 뜨거운 물을 따라주었다. 미지근하게 식은 생강차에서 새것 같은 뜨거운 김이 올랐다. 그 순간 잔을 감싸 쥔 윤자님의 얼굴이 따뜻하게 환해지는 것을 보았다. 그랬다. 윤자님은 작은 일에도 감사할 줄 아는 사람. 처음 글쓰기 수업을 시작하던 때, 그녀가 내게 보여준 감사 일기가 떠올랐다.

수업 첫날. 평소 쓰신 글이 있으면 보고 싶다는 나의 말에 윤자님은 가방에서 몇 권의 노트를 꺼냈다. '이런 걸 보여드려도 되나…' 하며 건네준 노트는 지난 몇 년간 하루에 하나씩 감사한 일을 기록한 일기장이었다. 삶이 그녀에게 어떤 것을 보여주기에 매일 감사 일기를 쓸 수 있는 걸까. 궁금함을 안고 집으로 돌아와 가장 오래된 일기장부터 펼쳐보았다. 몇 부분만 띄엄띄엄 읽으려던 생각은, 뒤로 갈수록 점차 읽는 자세를 고쳐 앉게 했다. 한 장씩 넘길 때마다 '이런 것에 다 감사할 수 있구나…'라는 감탄이 다음 일기를 계속 보게 했기 때문이다.

19.02.11. 동사무소에 희망근로를 신청하러 갔는데 직원이 친절하게 안내해주어 안심이 됐습니다. 감사합니다.
19.02.28. 커피를 마실 수 있어서, 좋은 음악을 들을 수 있어서, 여전히 책을 읽을 수 있어서 감사합니다.
19.07.06. 앞 베란다, 뒤 베란다에서 불어오는 바람이 시원해서 감사합니다. 텃밭에서 직접 수확한 상추, 깻잎, 풋고추를 나눠준 이웃의 마음에 감사합니다.
19.10.28. 무릎 통증이 나아져 남편과 야금야금 살살 공원을 걸었습니다. 이 의자에서 저 벤치까지. 보통의 일상이

선물인 것을. 감사합니다.

19.12.18. 마트에서 겨울 대비 생강차, 도라지차, 비타민 캔디, 작은 빵을 샀습니다. 어려운 경제에도 내게 허락된 것들에 감사합니다.

20.01.21. 하늘이 파아랗고 구름 한 점 없이 맑은 날. 잠시 멈춰서 바라볼 수 있는 눈과 마음을 주셔서 감사합니다.

일기장을 덮고 나자 윤자님을 향한 질문이 처음과 달라졌음을 느꼈다. 삶이 그녀에게 어떤 것을 보여주는지가 아니라, 그녀가 삶에서 무엇을 보는 사람인지 궁금해졌다. 한번은 과제 중 하나로 이바라키 노리코의 시 〈내가 가장 예뻤을 때〉를 읽고 글을 쓰는 시간이 있었다. 당연하게 젊은 시절을 떠올리는 글을 쓰실 거라고 짐작했지만, 예상은 빗나갔다. 윤자님은 남편의 사업 실패로 삶이 휘청이던 60대 중반을, '내가 가장 예뻤을 때'로 꼽았다. 하늘이 무너지는 것 같고 세상이 부끄러워 떠나고 싶었던 때. 먹고살기 위해 난생처음 길거리에서 붕어빵을 굽고 건물 청소를 시작했던 때. 어째서 그녀는 그 시절의 자신을 가장 예뻤다고 말할 수 있는 걸까.

궁금해하는 나에게 윤자님은 말했다. 삶에서 누리던 많은 것을 잃었지만, 여전히 자신 안에 남은 것들이 있어 감사할 수 있었다고. 그 마음은 파도가 지나간 뒤 모래사장에 남겨진 작고 분명한 빛 같았다. 그녀는 그 시절 자신에게 희망이 되어준 많은 순간을 기억하고 있었다. 붕어빵을 팔던 한 겨울, 꽁꽁 언 두 발을 애써 녹여주던 남편의 따뜻한 손. 처음 건물 청소를 시작한 자신이 걱정됐는지 근무 시간에 불쑥 찾아왔던 오랜 친구의 얼굴. 성당 바자회에서 500원을 주고 산 겨울 모자가 머리에 꼭 맞았을 때의 소박한 기쁨. 출근하던 길, 머리 위로 후드득 은행잎이 떨어지던 순간의 아름다움. 그러니까 윤자님에게 여전히 남아 있던 것은, 끝내 삶을 희망하고 바라는 마음이었다. 그래서 언젠가 남편이 "터널 속을 걷는 것 같다"라고 말했을 때도, 윤자님은 조금만 버티면 끝이 있다는 걸 알 수 있었다고 했다. 구름이 걷히면 깨끗한 햇빛이 나타나듯이. 그런 믿음이 있어야만 살아갈 수 있었다고. 어느 때보다 감사와 희망을 잊지 않고 살던 날들. 그때 자신의 영혼만은 가장 예뻤던 것 같다고, 그녀는 말했다.

윤자님과 보낸 긴 날들 속에서 알게 되었다. 감사하기와 희망하기는, 그녀가 기꺼이 선택해온 삶의 방식이라는 것을. 세상이 자신에게 무엇을 보여주는가보다, 그 세상을 어떻게 사랑할지를 더 중요하게 여기는 사람이라는 것을. 그래서였을까. 그녀를 만나고 집으로 돌아오는 길이면 전보다 더 순해진 눈으로 세상을 바라볼 수 있었다. 세상을 너그럽게 좋아하는 일이 결국은 내게 더 이로운 일처럼 느껴졌다. 그러는 동안 나는 윤자님의 노년과 나의 노년을 자주 겹쳐보게 되었다. 그녀처럼 살 수 있다면, 어떤 나이라도 충실하게 살아볼 용기가 났다. 그래서 그녀가 던진 그 질문이 더 깊이 마음에 남았을 것이다. '어떻게 살아야 하냐'라고 묻는 일은 늘 내 몫이었고, 그럴 때마다 윤자님은 자신의 삶으로 충분히 대답해주었으므로.

"제가 선생님께 물은 적이 있어요. 어떻게 하면 삶에 감사하는 마음을 잃지 않을 수 있느냐고요. 그때 저에게 그러셨어요. '작은 것은 더 작은 것의 큰 것이다.' 이 마음을 잊지 않으면 내가 가진 작은 것에도 초라해지지 않을 수 있다고요."

"작가님, 그걸 다 기억하시네요."

"사실 제가 어떤 말을 해야 좋을지 잘 모르겠어요. 다만 저는 선생님 덕분에 감사하는 마음과 희망하는 마음을 배웠어요. 그리고 그 마음만은 여전히 선생님 안에 남아 있을 거라 생각해요. 요즘엔 감사 일기를 거의 쓰지 않는다고 하셨죠? 그럼 오늘부터 다시 써보시는 건 어때요. 제가 독자가 될게요. 선생님은 이미 스스로를 여러 번 구해낸 분이잖아요."

잠시 찾아온 침묵에 그라인더 소리가 유난히 더 크게 들려왔다. 그사이 눈을 마주치고 있던 우리는 짧은 순간 무언가를 나눠 가졌던 것 같다. 내가 주고받은 게 무엇이었는지, 시간이 흐른 뒤에야 비로소 깨닫게 되는 어떤 마음을. 며칠 뒤 늦은 저녁. 윤자님에게서 메시지가 도착했다. 일기장을 찍은 사진 한 장도 함께였다.

작가님. 글쓰기 처음 배울 때처럼 일기부터 다시 시작합니다.
손이 아직 불편해 글씨가 엉망이에요.
오늘은 공원도 걷고 노래교실도 다녀왔어요.
또 해볼게요. 고맙습니다.

어깨가 불편해서인지 띄어쓰기가 엉망인 메시지였다. 그럼에도 중간중간 하트 모양 이모티콘은 잊지 않은 게 웃음이 났다. 함께 보낸 일기엔 소변이 불편해 찾아간 병원에서 큰 병은 아니라고 해주었다고, 별일 없음에 감사함을 느낀다는 내용이 적혀 있었다. 어렵게 보냈을 메시지를 다시 한번 읽었다. 다행히 이번에는 할 말이 바로 떠올랐다.

다시 시작하신다니 제 마음이 기쁘네요.
다음 일기도 기다릴게요.

일주일에 한두 번씩 도착하던 감사일기는 그해 가을과 겨울을 지나 새봄이 찾아온 지금까지 이어지고 있다. 그사이 윤자님에게도 많은 변화가 생겼다. 어깨 수술 후 힘들었던 회복기를 지나 통증이 많이 가라앉았고, 노인일자리에도 다시 선정돼 2월부터 출근하고 있다. 덕분인지 감사 일기가 도착하는 횟수도 잘 살고 싶다는 바람도 부쩍 늘었다. 최근 도착한 메시지엔 '몸은 고되지만 오늘도 화장실 청소를 깨끗하게 끝냈습니다. 나 자신을 칭찬해주고 싶어요. 작가님도 저를 칭찬해주세요'라는 내용이 적혀 있었다. 그 순간 떠오르는 최대의 칭찬을 담아 답장을 보냈다. 요동치는 분홍색 하트 이모티콘도 나란하게.

　며칠 사이. 아파트 단지에 벚꽃이 만개해 괜스레 걷고 보는 사람들로 봄밤이 술렁인다. 떨어지는 꽃잎을 손으로 잡으면 소원이 이루어진다는 이야기는 매년 아름답게 반복된다. 여든하나와 서른여덟이 된 우리는 앞으로 몇 번의 봄을 함께 보내게 될까. 그러는 동안 변함없이 윤자님이 보낸 감사 일기를 읽고 답장을 쓰는 일을 이어가고 싶다. 윤자님의 노년에 나의 노년을 겹쳐보면서, 그녀가 세상을 사랑하고 살아가는 방식을 계속해서 배우고 싶다. 서로의 삶을 궁금해하고 그 삶을 함께 희망하기. 내게 아주 익숙한 우정의 서사다.

> 말#4

여든에야 깨달았어요

이번에 이렇게 아프고 보니까, 그동안 내가 얼마나 노인들을 몰랐나 싶더라고요. 내 몸 건강할 때는 깔끔하게 안 다니는 노인들을 보면 속으로 흉을 좀 봤어요. 조금만 더 부지런하면 머리도 단정하게 하고 옷도 깨끗하게 입을 건데 왜 저럴까 싶어서. 그런데 아니에요. 어깨랑 무릎이 아프니까 나 혼자서는 머리도 못 감고 세수도 겨우 할 수 있어요. 옷 입는 것도 누가 도와주지 않으면 한 세월이 걸려요. 그러니까 내가 속으로 나무랐던 그 노인들도 몸이 아파서 그랬을 수 있겠구나. 기력이 떨어지면 머리에 물을 적시는 것도 보통 노력이 아니구나. 그걸 내 나이 여든에야 깨달았어요. 노인도 노인 마음을 다 모르는 거지요. 이제는 큰 목소리로 전화하는 노인을 봐도, '왜 그러나' 하지 않고 '잘 안 들리는구나' 생각해요. 곧 내 모습이 되겠구나. 그렇게 마음먹으면요. 저절로 겸손해집니다.

나를 집으로 보내다오

할머니와 할아버지의 건강이 무너진 건, 정말 한순간 같았다. 두 사람이 살던 곳은 여섯 가구가 모여 사는 작은 산동네. 자식들이 사는 곳은 거기서 차로 한 시간 반, 멀게는 다섯 시간이 떨어져 있었다. 그중 비교적 가까운 아버지와 내가 한 달에 두어 번 두 사람의 집을 찾았다. 우리는 밥 한 끼를 나눠 먹고, 서로의 얼굴을 몰래 살피며 길지 않은 대화를 나누고 돌아오곤 했다. 그래서 섬세하게 알아채지 못했다. 할머니와 할아버지의 삶이 어떻게, 어느 부분부터 무너지고 있었는지. 어쩌면 아주 먼 데서부터 조금씩, 도미노가 넘어지기 시작했는지도 모른다.

하지만 우리가 깨달았을 땐 이미 소리를 내며 줄줄이 쓰러지고 있었다.

2018년 여름. 지체장애인인 할머니는 어느 순간부터 소변 실수가 잦아졌고, 시간과 장소를 자주 혼동했다. 그 변화는 할아버지의 일상도 함께 흔들어놓았다. 불면과 우울감이 깊어지면서 몸도 눈에 띄게 쇠약해졌다. 가족들은 자책과 혼란 속에서 방법을 찾아 나섰다. 대학 병원과 일반 병원을 옮겨 다니며 입원과 퇴원을 반복하는 사이, 매달 수백만 원의 병원비가 청구됐다. 넉넉하게 사는 이 하나 없이 쪼들리며 살던 자식들은, 언제까지 이어질지 모를 이 비용 앞에서 막막해졌다. 근무 중 수시로 병원과 집으로 달려가야 했던 아버지와 내 삶에도 균열이 생기기 시작했다. 노화와 질병이 동시에 진행되는 두 사람의 상태는 병원에 있는 동안엔 잠시 좋아지는 듯하다가 집으로 돌아오면 다시 나빠지길 반복했다. 담당 의사는 두 사람 모두에게 요양시설 입소를 권했다. 예감했다. 이건 긴 시간을 각오해야 하는 일이라는 걸. 그리고 결국, 집과 요양시설이라는 두 갈래 중 하나를 선택해야 한다는 것도.

몇 달 후, 두 사람을 내가 살고 있는 지역의 요양병원으로 모셔왔다. 내 나이 서른 때 일이었다. 노부모를 간병한 경험도, 관련 지식도 없던 나는 어디에 어떤 도움을 요청해야 하는지도 몰랐다. 장기요양등급을 신청하는 과정에서도 서류에 적힌 말들을 겨우 이해해가며 쩔쩔맸던 기억이 지금도 생생하다. 이후 연명치료를 반대한다는 서류에 대신 서명해야 했을 때의 막막함은 또 어땠는지. 요양병원을 고를 때 가장 먼저 따진 조건은, 주 보호자인 내가 매일 찾아갈 수 있는 거리인가였다. 그다음은 병원의 시설과 치료, 서비스에 대한 신뢰였다. 내가 확인할 수 있는 정보는 병원 홈페이지뿐이었고, 거기 안내된 설명과 사진을 하나하나 살펴보며 선택지를 좁혀갔다. 그렇게 고른 곳은 집에서 20분 거리에 위치한 병원이었다. 홈페이지를 열면 보건복지부에서 '안전 등급 1등급'을 받았다는 문구가 가장 먼저 눈에 들어왔다. 그 말이 당장이라도 품에 안을 수 있는 부표처럼 느껴졌다. 두 사람이 안전하게 머물 수 있다면 그것이 두 사람에게도, 가족들에게도 좋은 일일 거라 믿었다.

하지만 그 후로 몇 년 동안 요양병원과 요양원, 각종 병원을 전전했던 시간을 떠올리면, 그때 우리가 '다른 최선'을 더 깊이 고민해봤더라면 어땠을까 하는 후회가 남는다. 두 사람이 남은 삶을 어디에서, 어떤 방식으로 살아갈지 결정하는 데 있어 가장 먼저 존중받았어야 할 것은, 다름 아닌 그들의 뜻이었다는 걸. 지금이라면 그 우선순위를 잊지 않았을 것이다. 그들이 사랑하는 집에서 가능한 한 오래 머물 수 있는 방법을 조금 더 일쩍, 조금 더 단단히 준비했을 것이다. 유명한 시구처럼, 지금 내가 알고 있는 것을 그때도 알았더라면.

두 사람을 병원에 두고 혼자 집으로 돌아가던 오후를 기억한다. 그날 내가 느낀 죄책감은 그들이 세상을 떠나고 몇 년이 지난 지금까지도 여전히 뾰족한 모양으로 남아 있다. 그래서 특별한 일이 없는 한, 매일 병원으로 할머니 할아버지를 보러 갔다. 여러 이유로 병원에서 호출받는 일도 많았기에 하루에 두 번씩 가는 날도 잦았다. 할아버지가 짐 가방을 잃어버렸다며 새벽 내내 병동을 소란스럽게 만든 다음 날, 의사와 면담을 하던 때는 꼭 사고 친 자식 대신 사과를 하러 교무실을 찾은 보호자가 된 기분이었다.

할머니는 비교적 잘 적응하는 편이었다. 늘 외로움이 많던 사람이어서 그랬을까. 옆 침대 할머니에게 어느새 마음을 붙이곤 믹스커피를 나눠 마셨고, 복지사가 다홍색 매니큐어를 발라준 손톱을 자랑하듯 내게 보여주었다. 주말이면 병원을 찾은 교회 봉사자들과 함께 찬송가를 불렀고, 요양보호사가 기저귀를 갈아주는 일에도 익숙해져 갔다.

그에 반해 점차 기력을 회복해가던 할아버지는 여러 면에서 병원 생활을 거부하기 시작했다. 그동안 할아버지 삶에서 너무도 자연스럽고 당연했던 일들이 병원에서는 '허용되지 않는 일'이 되어버렸기 때문이다. 예를 들면 휴대전화를 소지할 수 없었다. 원하는 때에 식사와 목욕, 수면을 할 수 없었다. 창문을 열 수 없었고, 마음대로 이동할 수 없었다. 혼자 있을 수도, 할머니와 함께 있을 수도 없었다. 작게는 개인 수저를 쓸 수 없었고, 텔레비전 채널을 바꿀 수 없었고, 분실 위험이 있다며 속옷과 실내화에 이름을 쓰지 않으면 안 됐다….

할아버지가 머물던 다인실 병실에는 산소호흡기에 의지해 간신히 숨을 쉬는 노인도 있었고, 겉보기엔 건강해 보이지만 10년 넘게 입원 중인 노인도 있었다. 말없이 천장만 바라보며 누워 있는 이도 있었다. 그 속에서 할아버지는 가림막을 친 침대에 허리를 곧게 세운 채 앉아, 따로 구독한 신문을 펼쳐 읽는 사람이었다. 커피에 넣을 꿀과 직접 고른 보디로션을 비롯해 개인 소지품이 가장 많았고, 병실에서 유일하게 머리맡에 효자손을 걸어둔 사람이기도 했다. 곧 떠날 곳이라 여기면서도, 단 하루를 더 머무르더라도 자기답게 살아가고자 했던 사람이었다.

또, 할아버지는 평생 바깥에서 몸을 쓰며 일해온 사람이었다. 환갑이 넘어 공사 현장에서 하던 일을 그만둔 후에도 밭을 일구고 집 구석구석을 수리하며 매일 소일거리를 찾아 부지런히 몸을 움직였다. 그런 그에게 하루 종일 좁은 병실 침대에만 머무르는 일은 분명 고역이었을 것이다. 병원 밖으로 외출하려면 반드시 보호자의 동행이 필요했기에, 나는 일주일에 한두 번은 시간을 내어 할아버지와 함께 산책을 나갔다. 동네 책방을 구경하고, 카페에서 커피를 마시고, 공원을 걷고, 마트에서 간식을 사는 정도의 짧은 일정이었지만, 그 시간은 할아버지에게도, 나에게도 숨 쉴 틈이 되어주었다.

한번은 외출을 마치고 병원으로 돌아가던 길이었다. 할아버지는 천천히 걷던 걸음을 멈추더니 나를 바라보며 말했다.

"이제 나를 퇴원시켜다오."

그 자리에 멈춰서 할아버지와 눈을 마주쳤다. 마음속으로 수많은 생각이 스쳐 지나갔다. 사실 그동안에도 할아버지는 여러 차례 가족들에게 집으로 돌아가고 싶다는 말을 해왔다. 하지만 보호자의 동의 없이는 퇴원이 불가능했고, 그때마다 '혼자 살 수 있다'고 말하는 할아버지와 '이제는 혼자 살 수 없다'고 말하는 가족들의 의견이 부딪쳤다. 우리는 모두 기억하고 있었다. 병원으로 오기 전, 몇 달 동안 집에서 지내던 할아버지의 생활이 얼마나 위태로워 보였는지를. 더 솔직하게는 할아버지가 집으로 돌아간 후 또다시 겪게 될 걱정과 혼란을 우리 자신이 감당할 수 있을지 두려웠던 건 아니었을까.

"네가 나를 집으로 보내다오."

그토록 할아버지가 돌아가고 싶어 했던 그 집은, 내게도 늘 그리운 곳이었다. 공사장 인부로 오래 일했던 할아버지가 예순 즈음, 동료들과 함께 직접 지은 빨간 벽돌집. 마당에는 목련나무와 모과나무가 계절마다 피고 졌고, 텃밭에는 손수 가꾼 작물들이 무성하게 자라던 집. 할머니와 할아버지 손에 맡겨진 어린 내가 스무 살이 될 때까지 함께 살았던 집. 학교를 가던 아침, 집을 나서다 뒤돌아보면 할머니가 거실 창가에 앉아 손을 흔들고 있던 집. 그 집의 어디 한 군데, 할머니 할아버지의 손길이 닿지 않은 곳이 있었던가. 시간이 흐른 뒤, 나는 그날 할아버지가 내게 보냈던 눈빛의 의미를 다시 헤아려본 적이 있다. 그 눈빛은 이렇게 묻고 있었던 것 같다. 너는 내 마음을 알고 있지 않느냐고. 그 순간, 나는 어떤 얼굴로 할아버지를 바라보고 있었을까. 당신은 내 눈빛 속에서 어떤 마음을 읽었을까.

"저도 할아버지가 집에서 건강히 지내실 수 있다면 좋겠어요. 그런데 아버지나 저나 쉽게 퇴원을 동의할 수 없는 건 할아버지 혼자 집에서 보낼 시간이 걱정되기 때문이에요. 저희는 하루하루 불안할 거예요. 밥은 잘 챙겨 드실까, 아픈 데는 없을까, 병원에 제때 가지 못해서 갑자기 큰일이 나진 않을까… 그럼 남은 우리는 어떡하나."

잠시 침묵이 흘렀고, 할아버지가 단호한 목소리로 말했다.

"집에서 지내다가 어떤 나쁜 일이 일어난다고 하더라도 그건 내 인생이야. 내가 선택한 삶이니 너희가 미안해할 일이 아니다."

그로부터 얼마 후, 할아버지는 요양병원에서 퇴원해 요양원으로 거처를 옮겼다. 생활 환경이 더 쾌적하고 편안해지면, 할아버지도 차츰 적응하시리라는 것이 가족들의 바람이었다. 몇 달만이라도 집이 아닌 요양원에 머무르자는 제안에 처음엔 할아버지도 마지못해 수긍하는 듯했다. 하지만 결국 입소 사흘 만에 할아버지는 그곳에서 강제 퇴소를 당했다. 입소 노인들이 모두 거실에 모여 체조를 하는 시간, 할아버지는 방에 남아 텔레비전을 보겠다고 주장했고 그 뜻이 받아들여지지 않자 분노에 찬 목소리로 소란을 일으킨 것이다. 주말 아침, 요양원을 나와 아버지의 차에 오르던 할아버지의 모습이 지금도 선하다. 그건 어쩌면 자신의 삶을 구하려는 일종의 투쟁이 아니었을까. 그렇게 할아버지는 끝내 가족들의 항복을 받아냈다.

할아버지는 그 집에서 3년을 더 살았다. 평일엔 요양보호사가, 주말엔 자식들이 집을 찾았지만, 그 외의 시간은 대부분 혼자 지내야 했기에 우리 눈에는 크고 작은 사고처럼 보이는 일들이 자주 생겼다. 전기선을 잘못 건드려 집 전체가 정전되기도 했고, 현관 열쇠를 잃어버린 할아버지가 부엌 유리창을 깨고 집에 들어간 적도 있었다. 강아지에게 밥을 주다 넘어져 몸 곳곳에 멍이 들기도 했다. 그럴 때마다 놀라고 다급해하는 가족들에게 할아버지는 늘 완고하게 말했다.

"괜찮다. 별일 아니다. 혼자 살 수 있다."

그렇게 "괜찮다"라고 말하던 할아버지는, 결국 집이 아닌 요양원에서 눈을 감았다. 장폐색으로 대학 병원에서 응급 수술을 받은 뒤 급격히 기력이 쇠했고, 회복을 위해 옮긴 요양원에서는 한 달도 채 버티지 못했다. 코로나로 병원과 요양시설 모두 대면 면회가 엄격하게 금지되어 있었을 때라 할아버지의 임종을 곁에서 지키지도 못했다. 장례를 치르는 내내 여러 자책이 나를 끈질기게 따라다녔다. 병원에 하루만 더 빨리 왔다면 수술 예후가 좋았을 거라는 의사의 말도 계속해서 떠올랐다. 그와 함께 또 하나의 질문이 머릿속을 떠나지 않았다. 만약 집이 아니라 요양시설에 머물렀다면 할아버지는 더 오래 살 수 있었을까. 그게 할아버지에게도, 나에게도 더 나은 선택이었을까.

장례를 마친 뒤, 할아버지의 유품을 정리하던 중이었다. 할아버지가 쓰던 휴대전화를 들여다보다가 갤러리를 열어보게 되었다. 그 안에는 찍은 지 얼마 되지 않은 사진 10여 장이 저장되어 있었다. 촬영 기능이 익숙하지 않았던지, 처음 몇 장은 거실 바닥과 천장이 마구 흔들린 채 두서없이 찍혀 있었다. 그러다 카메라를 내려다보는 각도로 찍힌 할아버지의 얼굴이 화면에 나타났을 땐, 웃음이 났다가 이내 코끝이 찡해졌다. 예전처럼 옆자리에 앉아 카메라를 위로 들어야 사진이 더 잘 나온다고 이야기하고 싶었다. 그리운 마음으로 다음 사진으로 넘겼을 때, 나는 한동안 휴대전화를 손에 든 채 가만히 멈춰 있었다.

그 사진은 침대에 걸터앉은 할아버지가 자신의 무릎 옆에 놓인 작은 테이블을 찍은 것이었다. 카메라 렌즈를 손가락으로 가린 바람에 둥근 손끝이 사진 한켠에 함께 담겨 있었다. 테이블 위엔 붉은 장미가 그려진 찻잔, 그리고 접시 가득 잘 익은 산딸기가 담겨 있었다. 할아버지는 혼자 있을 때도 이렇게 예쁘게 산딸기를 담아 드셨구나. 나는 고개를 들어 집 안 곳곳을 둘러보았다. 창가에 가지런히 놓인 수많은 화분과 할아버지가 외출할 때마다 쓰던 모자와 안경이 눈에 들어왔다. 거실 천장에는 오래전 이 집을 처음 지을 때 할아버지가 직접 달아둔 실링팬이 제자리에 멈춰 있었다. 열어둔 창으로 선선한 바람이 드나들던 계절, 느긋하게 돌아가던 그 실링팬을 바라보는 시간이 우리에게 얼마나 천진한 기쁨을 주었던가. 그제야 마치 영화 속 극적인 순간처럼, 내가 미처 이해하지 못했던 할아버지의 마음이 무엇이었는지 알 것 같다는 생각이 들었다. 당신이 끝까지 지키고 싶어 했던 삶이 어떤 것이었는지를. 그리고 당신의 삶과 죽음 모두, 당신의 것이라는 당연한 사실도.

영화에서 자주 등장하는 판타지 장면이 있다. 시간을 되돌려 과거의 어느 순간으로 다시 가는 장면. 그 시간을 다시 살면서 그때와는 다른 선택을 하는 것이다. 그런 장면을 볼 때마다 나는 내가 돌아가고 싶은 수많은 순간들을 떠올리곤 했다. 지금도 여전히 마음에 떠오르는 장면들이 있다. 그중 하나를 고르라면, 요양병원에서 함께 산책을 나왔다가 돌아가던 길. 할아버지가 내 눈을 바라보며 "이제 나를 퇴원시켜다오"라고 말하던 그 순간이다.

영화 속, 나는 우연히 어느 조력자의 도움으로 무사히 그 순간으로 돌아간다. 사실은 시간을 거슬러 되돌아온 건데도, 나는 아무렇지 않은 얼굴로 할아버지를 바라본다. 할아버지는 이어 말한다.

"네가 나를 집으로 보내다오."

그 말에 나는 이전과 다른 대답을 들려준다. 그러자고. 이제 우리 집으로 돌아가자고. 그러면 할아버지도, 내 눈빛에 담긴 마음을 처음인 듯 읽어낼 수 있을 것이다.

그럼요. 나는 당신의 마음을 알고 있어요.

✧ 우리 사회에서 노인이 머무를 수 있는 장소는 대개 집, 실버타운, 요양시설 정도로 여겨진다. 하지만 많은 이가 지금 살고 있는 집에서 가능한 한 오래 살고 싶어 한다. 2023년 보건복지부가 실시한 노인실태조사에 따르면, 건강을 유지한다면 현재 거주지에 계속 살고 싶다는 응답이 전체의 87.2퍼센트에 달했고, 건강이 나빠져도 머물고 싶다고 답한 이들도 절반 가까이 되었다. 고령사회에서 '에이징 인 플레이스(지역사회 계속거주)'가 중요한 과제로 떠오르는 이유다. 청양군에는 전국 최초의 통합돌봄 특화 고령자복지주택이 문을 열었고, 요양시설도 이제는 단순한 안전과 관리의 공간이 아니라 노인 개개인의 삶의 방식을 존중하는 방향으로 바뀌어가는 움직임이 있다. 이 책을 쓰며 알게된 좋은 사례들을 다 소개하지 못해 아쉽다. 노인들이 '살고 싶은 곳'에서 존엄하게 나이 들어갈 수 있도록, 사회는 더 다양한 선택지를 마련해야 한다. 그리고 그 선택지는 결국 '우리는 우리의 노년을 어디에서, 어떻게 보내고 싶은가'를 고민하는 데서부터 조금씩 넓어질 수 있다.

영신의 하루

새벽 5시. 영신이 잠에서 깬다. 12월 중순의 새벽은 여전히 깊은 밤처럼 캄캄하다. 베란다에서 스며든 찬 공기에 옅게 남아 있던 잠기운도 달아난다. 남편이 떠나고부터 영신은 거실에서 요를 깔고 자는 데 익숙해졌다. 여섯 평 남짓한 거실에선 벽시계 초침 소리만 작게 들려온다. 밤새 새우잠을 잔 영신이 머리맡에 둔 안경을 쓰고 이불 밖으로 천천히 기어서 나온다. 마른 손으로 벽과 무릎을 짚고 천천히 몸을 일으킨다. 여든일곱. 이제는 혼자 일어나는 데도 긴 숨을 몰아쉬어야 한다.

미지근한 물에 세수하고 이를 닦는다. 가슴께까지 오는 머리카락은 손가락으로 빗어 성글게 하나로 땋는다. 영신은 젊은 시절 검고 풍성한 자신의 긴 머리를 좋아했다. 그때처럼 윤기 나진 않지만 하얗게 다 세지 않은 머리카락이 영신에겐 작은 자부심이다. 몸을 정돈한 후엔 가장 먼저 기도를 한다. 거실에 깔아둔 요를 한쪽으로 밀어두고 앉아 염주를 쥔 두 손을 모은다. 대접에 물을 담아 초를 켜고 기도하던 때도 있었지만 이제는 몸과 마음을 가지런히 하는 것으로 만족한다. 전보다 기도 내용도 간소해졌다. 건강을 빌어줄 남편도 떠났고 자식들도 이젠 알아서 저들 삶을 산다. 인제 와 돈 욕심을 바라지도 않는다. 대신 영신은 몇 년 전부터 자신을 위한 기도를 한다. 부처님. 제 몸이 더 아프지 않고 떠날 수 있게 보살펴주십시오. 남은 날들을 평안한 마음으로 살아갈 수 있게 도와주십시오. 영신의 기도는 차분히 생의 마지막으로 다가서는 마음가짐이다. 기도가 계속되는 동안 아파트 위층에서 희미한 기척이 들린다. 오늘은 일찍부터 아이가 깬 모양이지. 베란다 창 너머 아침이 서서히 밝아온다.

  기도를 마치면 운동을 한다. 두 손으로 주먹을 쥐고 배를 두드리는 간단한 동작이다. 아침마다 50번씩 해보니 변비도 없어지고 요실금도 나아졌다. 한동안 영신은 재채기만 해도 소변이 찔끔 나와 여러 번 곤욕을 치렀다. 그녀에게 바람이 있다면 죽기 전까지 사람들에게 나쁜 냄새를 풍기지 않는 것이다. 아침밥은 느지막이 8시 30분쯤 먹는다. 간단히 찬거리 몇 개 놓고 보리차에 밥을 적셔 먹는다. 그러면 몇 숟갈은 잘 넘어간다. 누구는 밥보다 먹는 약이 더 많다던데, 다행히 영신은 먹는 약이 적은 편이다. 밥을 만 물에다 치매약, 혈관약, 혈압약, 관절약을 삼키면서 영신은 생각한다. 이것도 복이라면 복이겠지.

9시. 영신은 한 달 전 딸이 떠준 연분홍색 털모자를 쓰고 외출 준비를 한다. 문 앞에 세워둔 보행기를 끌고 아파트를 나선다. '실버카'라고 불리는 수납함이 달린 보조 보행기다. 일주일에 세 번 영신은 주민센터에서 열리는 한글교실에 간다. 한글을 모르는 건 아니지만 오전 시간을 적당히 보내기 좋아서다. 걸어서 20분이 걸리는 복지관은 이젠 힘에 부쳐 갈 수 없고, 아파트 경로당은 일하러 간 노인들이 많아 오전 시간엔 텅 비어 있다. 영신에겐 어디로든 갈 곳이 필요하다. 한글교실에선 동네에 사는 할머니 서너 명과 같이 수업을 듣는다. 모두 여든이 넘었지만 그중 영신이 가장 나이가 많다. 하지만 마음속으로 그들보다 자신이 더 젊어 보인다고 생각하는 영신이다.

금요일인 오늘은 산수를 배운다. 영신은 교과서를 펼치고 뾰족하게 깎은 연필을 손에 쥔다. 서른다섯은 되었을까. 젊은 선생이 칠판에 '0' 네 개를 크게 그린다. '0'이 네 개면 만 자릿 수. 헷갈릴 땐 1만 원짜리 돈을 생각하란다. 1만 원이 열 장이면 10만 원. 그래서 '0'이 다섯 개. 100장이면 100만 원. 그래서 '0'이 여섯 개. 돈 얘기를 하니 다들 신이 나서 대답을 한다. 한글은 다 몰라도 제 손으로 돈은 다 벌어본 노인들이다. 그러다 선생이 교과서에 없는 긴 숫자를 적는다. 영신은 속으로 그 숫자를 세어본다. 일, 십, 백, 천, 만, 십만… 세다가 헷갈려서 다시 한번. 일, 십, 백, 천, 만…. 가만있어 보자. 저게 얼마일까. 대답을 기다리던 선생이 칠판에 정답을 적어준다. '팔천 오백 칠십 이만 원.' 영신은 칠판을 보며 교과서에 따라 적는다. '팔천 오백 칠십 이만 원.' 그러다 옆자리에 앉은 두 살 동생이 우스갯소리를 한다.

"우리가 평생 그 돈을 벌어봤어야 알지. 눈앞에 갖다 놔도 세지도 못하겠네."

그 말에 모두 깔깔대고 웃는다. 내년부터는 한글교실이 문을 닫는다는 소문이 돈다. 영신은 이제 어디로 가야 할까.

수업을 마치고 집으로 돌아오면 11시 30분이다. 올해 봄부터 정오가 되면 영신의 집으로 요양보호사가 찾아온다. 딸이 알아서 신청해놨다더니 평일엔 하루에 세 시간씩 집에 머물다 간다. 나이는 오십쯤 되었을까. 말수는 적지만 사근사근하고 좋은 사람이다. 처음엔 낯선 사람이 집에 있는 게 편치 않아 일쩍 돌려보내려고 했다. 그러다 세 시간을 인증해야 보호사가 돈을 받는다는 걸 알고는 그만두었다. 젊은 사람 돈은 벌게 해줘야 하니까. 이제는 영신도 정이 들어 낮 동안 외롭지 않아 좋다고 생각한다. 가끔 점심밥도 같이 먹고, 사과 하나를 깎아도 두 사람이 먹으니 남지 않아 좋다고. 처음엔 이불 위에 앉으라고 하면 "괜찮아요" 하던 보호사도 이제는 영신과 같이 이불 속에 다리를 집어넣는다. 한숨 자고 가라는 말에는 매번 "그럴까요" 하고 웃어넘긴다. 대신 영신이 까무룩 잠이 든다.

보호사가 영신의 어깨를 슬며시 흔들어 깨운다. 벌써 3시가 됐나 보다. 흐트러진 머리를 정리하고 문을 열고 나서는 보호사에게 손을 흔든다. 살며시 문이 닫히고 나면 영신의 마음에도 닫히는 하나의 문이 있다. 보호사는 주말이 지나고 월요일에나 올 테고, 멀리 사는 딸도 이번 주말엔 못 온다고 했으니 며칠은 문이 열리지 않을 것이다. 그런 줄 알면서도 현관에서 어떤 기척이라도 들리면 누가 오진 않았을까 물끄러미 바라보게 되는 영신이다. 하지만 이런 마음은 자식들에겐 결코 말하지 않을 작정이다. 그 애들에게 짐이 되고 싶지는 않다.

잠을 떨칠 요량으로 싱크대 앞으로 간다. 포트에 물을 담고 서랍에서 블랙커피 스틱을 꺼낸다. 하루에 뜨거운 커피 한잔을 마시는 건 영신의 오랜 습관이다. 포트에서 물이 끓으면 찬장을 열어 커피잔을 꺼낸다. 연두색 월계수 잎과 금장이 둘린 하얀 도자기 잔. 20년 전 백화점에서 큰돈을 주고 산 것이다. 영신은 따뜻한 커피를 마실 땐 언제나 이 잔을 사용한다. 손에 쥐면 예쁘고 따뜻함이 오래 가기 때문이다. 영신에겐 유리컵으로는 낼 수 없는 기분이 있다. 소서에 잔을 올려 거실로 가져간다. 조심스레 걷지만 잔이 흔들려 커피가 조금 넘친다.

영신은 커피를 마시며 텔레비전 옆에 둔 화병을 바라본다. 불투명한 은색 화병엔 노란색 소국 한 단이 꽂혀 있다. 며칠 전 시장에 다녀오며 5,000원을 주고 사 온 것이다. 젊을 적 영신은 꽃을 너무 좋아해 옷을 살 돈으로 꽃 화분을 사서 키웠다. 결혼해 아이들과 살던 집 마당에도 꽃이 많아 우유를 배달하던 사람이 꽃집이라고 부를 정도였다. 하나하나 보살펴서 기른 화분에 꽃이 피면 영신의 마음도 그만큼 환해졌다. 꽃이 있어 영신은 세상을 더 사랑할 수 있었다. 그런 영신이 화분을 정리한 건 몇 년 전 이 아파트로 이사를 오면서다. 무릎을 굽히고 허리를 숙이는 일이 힘들어지면서 화분을 돌보는 일도 힘에 부쳤다. 자식처럼 키우던 화분을 사람들에게 나눠주면서 영신은 속으로 잘 살아라, 더 오래 살아라, 빌어주었다.

그러나 지금 영신의 베란다엔 화분 네 개가 있다. 다시는 못 키울 줄 알았는데. 우연히 꽃집 앞을 지나가다 본 화분이 너무 예뻐서, 예쁘니 안 살 수가 없어서 하나씩 데려온 것들이다. 영신은 지난봄과 여름에 베란다를 밝혀주던 꽃들을 기억한다. 그 꽃들이 영신을 조금씩 더 살게 했을 것이다. 요즘 영신은 화분 대신 꽃을 한 단씩 산다. 3,000원, 5,000원을 주고 산 꽃을 보행기 수납함에 넣어 집으로 돌아온다. 사람들은 알까. 이 안에 꽃이 들었다는 것을.

해가 지면 저녁을 먹고 텔레비전을 보다 잠드는 것. 영신의 저녁 시간은 단출하다. 잠이 오지 않을 땐 손녀가 사다 준 퍼즐을 맞춘다. 완성하면 들판을 뛰어가는 어린아이가 나타나는 1,000피스 퍼즐이다. 손을 자꾸 움직여야 치매에 걸리지 않는다지. 영신은 몇 번이고 다시 맞춘 퍼즐을 처음부터 채워간다. 자주 만진 퍼즐 조각은 모서리가 해졌다. 눈이 침침해지면 한쪽으로 밀어놓고 신문지를 덮어놓는다. 이번 주말에는 다 완성할 수 있을 것이다.

사방이 어둑해져 시계를 보니 겨우 저녁 7시다. 겨울은 밤이 너무 길어 영신은 가끔 곤란한 기분을 느낀다. 긴 밤을 보내느라 영신은 졸다가 깨는 일이 잦아졌다.

'오늘 밤은 깊이 잠들고 싶은데….'

겨울 이불을 목까지 덮고 모로 누워 텔레비전을 본다. 요즘엔 온통 시끄러운 뉴스뿐이다. 영신은 졸리지 않은 두 눈을 껌

뻑이다 고개를 움직여 소국이 꽂힌 화병을 본다. 텔레비전 불빛에 밝혀진 노란 꽃이 달빛처럼 예쁘다. 며칠 전 꽃집 앞을 서성이던 영신에게 주인이 소국은 물만 있으면 오래 산다고 말했다. 영신은 그 말이 마음에 들었다. 오래 산다는 건 얼마나 산다는 걸까. 그러다 문득 영신은 일주일 후면 동지라는 사실을 떠올린다. 1년 중 가장 밤이 긴 동지. 동지가 지나면 하루씩 짧아지는 밤만큼 하루씩 봄이 다가올 것이다. 봄이 오면 베란다에 피는 꽃들을 다시 볼 수 있겠지. 영신은 자신이 살아서 다시 봄을 볼 수 있을지 생각하며 눈을 감는다. 다행히 영신에겐 간절한 희망도 깊은 슬픔도 조금씩 떨어져 있다.

주말인 내일은 오늘보다 조금 더 긴 하루가 될 것이다.

어느새 잠이 든 영신의 숨결 따라 이불이 잔잔한 파도처럼 오르내린다.

언제까지 사랑할 수 있을까

+ ✦

 한 아이돌 멤버의 팬이 된 지 어느덧 8년이 지났다. 그사이 20대 후반이던 나는 이제 30대 후반이 되었다. 하루 종일 최애✦의 노래를 듣고 영상을 찾아보던 시기는 지났지만, 그의 존재를 잊고 산 적은 없다. 종종 들리는 소식만으로도 여전히 웃음이 나고, 팬들이 모르는 곳에서도 그가 진심으로 행복하길 바란다. 처음 최애의 존재를 알게 됐을 땐, 이렇게 오래 좋아할 줄 몰랐다. 지금 마음으로는 10년도 우습게 넘길 것 같지만, 그의 환갑 디너쇼를 보는 게 꿈이라는 어느 팬의 글을 읽고선 정말 가능할까 싶었다. 30년 후. 그때도 나의 최애는 무대에 서서 팬들의 환호를 듣고 있을까. 내 나이 예순에도, 일흔에도, 아니 여든에도 그의 무대를 보면 웃음이 날까. 나는 언제까지 그의 팬으로 살아가게 될까.

올해 여든인 연자님은 가수 임영웅의 5년 차 팬이다. 어느 날 〈미스터트롯1〉에서 그가 〈일편단심 민들레야〉를 부르는 모습을 보고선 마음이 '뿅' 가버렸다. 노래하는 목소리가 어찌나 좋던지, 무대가 끝난 후에도 가슴이 두근거리고 저도 모르게 무릎을 감싼 두 손에 열이 올랐다. 그날부터 연자님의 일상은 〈미스터트롯1〉이 하는 날과 하지 않는 날로 나뉘었다. 방송이 끝나면 가슴이 너무 허전해서 유튜브에서 임영웅 노래를 검색해 찾아들었다. 임영웅을 모르던 날들엔 어떻게 살았나 싶을 만큼 보고 있어도 보고 싶고, 듣고 있어도 계속 듣고 싶었다. 난생처음 겪는 희한한 마음이었다. 다른 팬들처럼 팬카페에도 가입하고 싶었지만 방법을 몰라 못 했고, 전국투어 소식을 들었을 땐 무릎이 말썽이라 가볼 생각도 못 했다. 사실 그녀에겐 티켓을 대신 구해줄 자식도, 넉넉한 여윳돈도 없다. 이번 생에서 임영웅이 노래하는 모습을 직접 보고 싶은 마음은 가져봤자 서운한 꿈이다. 몇 달 전 콘서트에 다녀온 친구가 임영웅 얼굴이 주먹만 하고 어린 왕자처럼 생겼더라고 했을 땐 말도 못 하게 부러웠지만, 대신 콘서트 실황을 담은 VOD를 결제해서 보고 싶을 때마다 돌려보았다. 그러면 우울했던 마음이 풀어지고 저절로 웃음이 났다.

"혼자 집에 있으면 나쁜 생각이 많이 나거든. 남들은 자식도 여럿 놓고 잘 사는데 왜 나는 아들딸 하나 없을꼬. 나는 왜 이렇게 외롭고, 왜 이렇게 혼자일꼬. 몸이라도 괜찮으면 날라댕길 텐데 다리가 아프고 옳게 못 걸으니까 자꾸만 서러운 거야. 그런데 임영웅이 노래를 듣고 있으면 고새 다 잊어뿌게 되거든. 외로운 마음도 잠잠해지고 조금씩 움직여볼 기운도 생기고. 그래서 나는 임영웅이한테 항상 고마워."

오랫동안 혼자 외롭게 살았다는 연자님은 말했다. 사방이 캄캄해지는 밤, 아무도 없는 방에 혼자 이불을 덮고 누울 때 나쁜 생각이 가장 많이 든다고. 그래서 언제부턴가 휴대전화로 임영웅 노래를 틀어놓고 머리맡에 두고 자는 버릇이 생겼다고 했다. 어두운 방을 손바닥만큼 밝힌 휴대전화 불빛. 들릴락 말락 희미한 목소리에 의지해 잠을 청하다 보면 어느 순간 잠이 솔들어뿌고 잠든 사이 저절로 전화가 꺼져뿐다고. 연자님의 사랑이 그녀의 세상을 모두 밝혀주진 못해도, 아주 어둡게는 하지 않은 덕분이다. 그런 연자님에게 임영웅은 '내 몸 같은 존재'다.

"내 건강을 안 나빠지구로 해주니까. 내가 즐겁게 살 수 있구로 도와주니까."

일흔여섯 정열님이 가수 장민호에게 빠진 건 8년 전이다. 그때 정열님은 심한 우울증을 앓느라, 매일 한 움큼의 약에 의지하며 마음이 바닥난 날들을 보내고 있었다. 무기력이 깊어 인생의 기쁨도, 즐거움도 모두 지나간 이야기처럼 느껴지던 날들이었다. 그러나 본디 최애란 내가 가장 힘들 때 찾아오는 것이라고 했던가. 하루는 바로 아래 동생이 전화를 걸어와 불쑥 처음 듣는 가수의 이름을 꺼냈다. 얼마 전 고속도로 휴게소에서 음반 하나를 사서 들었는데, 처음 듣는 목소리가 너무 좋아 가슴이 '심쿵' 하더라고. 알고 보니 그 목소리의 주인공이 바로 장민호였다. 그로부터 며칠 후, 정열님은 텔레비전에서 노래하는 장민호를 보게 되었다. 동생의 말처럼 목소리가 좋고 말하는 것도 점잖아 자신도 모르게 눈길이 머물렀다. 가만히 보고 있자니 저 사람을 가까이에서 한번 보고 싶다는 마음이 생겼다. 스스로 무언가를 하고 싶다고 느끼는 건 오랜만이었다. 예순여덟부터 일흔여섯이 된 지금까지, 8년이라는 긴 사랑이 시작되는 순간이었다.

정열님은 곧장 인터넷에서 장민호를 검색해 팬카페 '민호 특공대'를 찾아냈다. 〈미스터트롯1〉에 출연하기 전이라, 회원 수가 1,000명이 채 되지 않던 시절이었다. 닉네임을 정할 땐 물망초든, 안개꽃이든 예쁜 꽃 이름을 쓰고 싶었지만 인터넷 이용이 서툴 때라 자동으로 추천하는 '지네딘'이라는 닉네임을 수락하고 말았다. '지네딘'이 아주 유명한 축구 선수 이름이라는 건 나중에야 아들이 알려줘서 알았다. 얼떨결에 '지네딘'이 된 정열님은 카페에 공지되는 스케줄을 따라 전국 곳곳을 다니기 시작했다. 동생과 더불어 친해진 팬 여럿과 한 차를 타고 서울이든, 강원도든, 전라도든 장민호를 볼 수 있는 곳이라면 시간이 어떻게 가는 줄도 모르고 따라다녔다. 그 시간이 모두 여행 같았다. 때론 덕질하며 가까워진 이들과 함께 옷을 맞춰 입고, 응원 문구를 담은 플래카드를 만들어 무대를 향해 힘껏 흔들었다. 공연을 보러오는 팬들이 열 명 남짓일 때라 목청껏 이름을 부르면 그 소리가 무대까지도 닿을 수 있었다. 응원에 응답하듯 팬들을 향해 인사하는 '내 가수'를 볼 때면, 몇 곡의 노래를 듣기 위해 반나절을 달려온 피곤함도, 수시로 마음을 잠식하는 우울함도 깜빡 잊어버렸다. "부디 더 잘 되세요, 더 높이 가세요"라는 기도만이 생생해졌다.

한번은 이런 일도 있었다. 어느 지역 행사가 끝난 후, 팬들이 모인 식사 자리에 장민호가 잠시 들른 적이 있었다. 정열님이 식후에 먹으려고 테이블에 미리 약봉지를 올려두었는데, 그걸 본 장민호가 무슨 약을 드시냐고 물었다. 우울증이 있어 먹는 약이라고 하자 그가 눈을 마주치며 대답했다.

"약 잘 챙겨 드시고, 이젠 아프지 마세요."

그날 이후 정열님은 머릿속으로 같은 장면을 얼마나 돌려보았는지 모른다. 아프지 말라는 말이 약속도 아닌데, 그 말을 품에 안고 꼭 지키고 싶다는 마음이 생겼다. 정말 그 덕분인지 지난 8년 동안 정열님의 우울증은 눈에 띄게 호전되었다. 한 알씩 차츰 줄여가던 약도 더 이상 먹지 않게 됐다. 덕질이란 결국 너를 사랑하며 나를 구하는 일인 걸까. 정열님은 다시 한번 인생이 살아볼 만해졌다.

"나이 들어 공연 쫓아다니는 우리더러 미쳤다는 사람들도 있잖아요. 그건 이 세계를 잘 몰라서 그런 것 같아요. 우리 중에 사연 없는 사람 없고, 아프지 않은 사람 하나 없어요. 다 살려고 사랑하는 거예요. 그러니까 누구는 항암을 하면서, 또 누구는 휠체어 타고서 공연 보러 가는 거예요. 이 안에 있어야 다들 숨이라도 쉬는 것 같으니까."

정열님이 처음 장민호에게 빠졌던 때와 다르게 〈미스터트롯1〉 출연 이후 그는 닿을 수 없는 별이 되었다. 정열님의 체력도 이전과 같지 않아 자주 볼 수 없게 되었지만, 여전히 '내 가수'를 응원하는 마음이 끝내 아쉬운 마음을 앞지른다.

"너무 먼 별이 되어버렸지만, 우리도 그걸 바라며 응원했던 거니까. 잘돼서 너무 좋죠. 앞으로는 더 볼 수 없다고 해도 계속 응원하는 마음으로 살 거예요. 나를 구해준 사람이니 나도 내 가수가 아프지 않고 건강하기를 바라야죠. 자기가 좋아하는 노래하면서 오래오래 무대에 설 수 있도록."

그런 그녀의 바람은, 연자님의 바람이기도 했다.

"우짜든지 임영웅이 건강했으면 좋겠다. 내가 아픈 것보다 혹시라도 그 아가 아플까 봐 나는 그게 제일 걱정이다. 아파서 테레비에 못 나오면 내가 무슨 기쁨으로 살겠노."

아무쪼록 아프지 않고 행복하게. 오래오래 무대에 있어주길 바라는 마음. 그건 내가 최애를 생각하며 가장 자주 꾸는 꿈이기도 했다. 그래야 나도 계속 응원할 수 있을 테니까. 마음껏 좋아할 수 있을 테니까.

내게는 너무 소중한, 최애를 향한 같은 마음을 가진 나이. 서른여덟도 일흔여섯도 여든도 모두 사랑하기 좋은 나이다.

✧ '가장 사랑함'을 뜻하는 표준어 단어. 특히 아이돌 팬덤 문화에서 자신이 가장 좋아하는 아이돌 멤버를 '최애'라고 부르는 경우가 많다.

> 장면#1

카페에서 생긴 일

내가 사는 도시에는 노인일자리 사업의 하나로, 시니어 바리스타가 근무하는 카페가 곳곳에 있다. 그곳에 가면 일하는 분들도, 찾아오는 손님들도 대부분 시니어층이라 종종 그곳에서 시간을 보냈다. 하루는 70대 바리스타 세 분이 일하시는 카페에서 따뜻한 너츠라떼 한 잔을 주문했다. 천천히 주문을 입력하던 한 분이 동료분들에게 말씀하셨다. "너츠라떼 하나. 홀에서 자시고 갑니다."

그 말을 듣고 마음속으로 몰래 웃고 말았다. 카페에서 "자시고 간다"라는 말을 들은 건 처음인 것 같아서였다. 또 다른 날. 이번엔 동네 도서관에 입점한 시니어 카페에서 커피를 마시고 있을 때였다. 손님이 나 하나뿐이라, 카운터 너머 두 분의 대화가 자연스레 들려왔다.

"언니야. 나는 마끼아또가 왜 이렇게 어렵노."

그러자 옆에 있던 언니가 대답했다.

"니는 아직 신입이니까 그렇지. 손님 없을 때 자꾸만 연습하고, 집에 있을 때도 머릿속으로 계속 만들어라. 그러면 는다."

이때의 기억을 떠올리고 있자니 궁금해진다. 예순다섯이 넘어 신입이 된 동생 바리스타님은 지금쯤 마끼아또를 잘 만들고 계시려나.

나의 일부여서 기쁘다

 후쿠오카로 여행 온 지 나흘째. 3일 내내 이어지던 눈보라가 그쳤다. 여행 마지막 날에 겨우 맑아진 하늘을 보며 남편은 바다에 가자고 했다. 목적지는 하카타역에서 열차로 40분 거리에 있는 섬. 지난밤 구글 지도의 한 부분을 확대해 "여기에 가볼까" 하며 보여준 곳이었다. 바다를 좋아하는 그를 따라 무작정 나서기로 했지만, 외투를 챙겨 입는 내 마음에도 기분 좋은 기대감이 일었다. 그곳에 가면 자전거 대여소가 있다는 말을 들었기 때문이다.

 남편과 여행을 가면 꼭 하는 일들이 있다. 아침에 가는 카페를 공들여 고르기. 하루에 2만 보 이상 걷기. 자전거를 타고 동네 산책하기. 낯선 곳에서 자전거를 타면, 어째서인지 내게서 멀어지는 기분과 비로소 내가 되는 듯한 기분을 동시에 느낀다. 내가 사랑하는 자유로움이다. 평소엔 사진 찍히는 일을 그다지 좋아하지 않지만, 자전거를 타는 날만큼은 그마저도 너그러워진다. 커다란 나무 그늘이나 볕이 드리운 자리를 만나면 잠시 멈춰 서서 남편에게 사진을 찍어달라고 말한다. 그곳에 자전거와 함께 있는 내 모습을 보고 싶어서다. 그렇게 찍은 사진들은 언제 봐도 기분이 좋다.

10년 전 여름, 교토 아라시야마에서 자전거를 탔다. 비교적 관광객이 적은 날이라 동네 곳곳을 여유롭게 둘러볼 수 있었다. 길이 난 대로 나아가다 보니 어느새 숙소에서 꽤 먼 곳까지 가게 되었고, 돌아오는 길엔 느닷없이 소나기가 내렸다. 오래된 굴다리 아래, 비를 피해 모여든 사람들 사이에 섞여 비가 그치길 기다렸다. 물기 묻은 손으로 자전거 손잡이를 꼭 쥐며 생각했다. 그래도 다행이지. 혹시 비가 잦아들지 않아도 자전거를 타면 금세 돌아갈 수 있으니까. 그 또한 나름 재미있을 테니까. 조금 뒤 거짓말처럼 날이 개고 젖은 옷이 마르는 걸 느끼며 부지런히 페달을 밟았다. 대여소로 돌아가는 길에 빨간 자판기가 눈에 띄어 멈춰 서서 사진을 찍었다. 그 사진이 마음에 들어

5년 뒤 같은 자리에서 같은 포즈로 한 번 더 찍었다. 또 하나의 여름. 교토의 작은 바닷가 마을에서 자전거를 탔던 날도 기억한다. 바구니엔 도시락을 넣고, 어깨와 손등이 뜨거워지는 걸 느끼며 아무도 없는 방파제까지 나아갔다. 데워진 목덜미 위로 바닷바람이 간간이 스쳤다. 그럴 때의 바람은 계속 달려보라는 응원 같다. 자전거를 타면서 가장 좋은 순간은, 언제까지고 나아갈 수 있겠다는 기분이 들 때다. 조금은 무리해서 도착한 그 자리가 마음에 들어 그곳에서 사진을 찍었다. 땀에 젖은 머리카락 같은 건 상관없이, 활짝 웃는 얼굴로.

그래서 여행 마지막 날, 남편의 작은 실수로 가기로 한 섬 대신 한 유원지에 가게 되었을 때도 실망하지 않았다. 마침 그곳에도 자전거 대여소가 있었고, 도보로는 다 둘러보기 어려운 너른 평지에 자전거 도로가 시원하게 뻗어 있었기 때문이다. 일요일 오전이라 사람들도 거의 없어, 마음 편히 자전거를 탈 수 있겠다는 기대에 오히려 행운처럼 느껴졌다. 500엔을 주고 빌린 자전거를 타고 앞서가는 남편의 등을 지도 삼아 동물원과 놀이터, 탐조대, 식당가를 지났다. 잘 따라오는지 가끔 돌아보는 남편과 적당히 떨어진 거리감이 편안했다. 안전하게 혼자인 채로 이런저런 상념에 빠져들기 좋았다. 어제 들었던 노래. 마감해야 하는 원고. 오늘 가기로 했던 바다. 그곳에서 타기로 했던 자전거…, 규칙 없는 끝말잇기처럼 이어지던 생각은 일곱 살 무렵 두발자전거를 타는 데 처음 성공했던 날의 기억으로 이어졌다. 안장을 붙잡고 따라오던 이에게 "놓지 마. 놓지 마!"를 외치다, 어느 순간 "간다, 간다!" 탄성을 내질렀던 기억. 그때의 내가 넘어지는 걸 무서워하면서도 끝내 핸들을 놓지 않아 얼마나 다행인지. 덕분에 지금까지도 원할 땐 언제나 자전거를 탈 수 있게 되었으니 말이다. 내 삶에 자전거가 있어 느낄 수 있었던 여러 기쁨도 잔잔하게 떠올랐다. 초록이 무성한 나무 아래를 빠르게 지나갈 때, 쏴아아아 나뭇잎이 흔들리는 소리와 그 바람을 타고 달려가는 느낌. 앞서가는 사람에게 하고 싶은 말이 생겼을 때, 페달을 빠르게 밟아 힘껏 다가가선 나란히 떠들면서 나아갈 때 기분. 그러다 '나는 언제까지 자전거를 좋아하게 될까'라는 질문에 생각이 닿았을 땐, 여든 살 윤자님이 들려준 자전거 이야기가 떠올랐다.

윤자님은 예순다섯에 자전거를 처음 배웠다고 했다. 그즈음 남편의 사업이 갑작스레 기울게 되면서 집과 차를 정리해야 했기 때문이다. 말도 안 되게 쪼그라든 형편에 숨이 턱 막혔지만, 남편을 살리고 자신도 살기 위해선 제힘으로 어서 돈을 벌어야만 했다. 별다른 기술이 없는 예순 중반의 여성도 가장 쉽게 접

근할 수 있는 일이 바로 청소노동이었다. 다행히 빠르게 일자리는 구했지만 출퇴근이 문제였다. 그래서 그녀는 곧장 공설운동장에 있는 자전거교실에 등록했다. 자전거를 배워서 공영자전거를 타면, 버스비도 아끼고 출퇴근도 수월해지리란 생각에서였다. 수업 첫날, 운동장에 도착하고 보니 함께 수업을 듣는 예닐곱 명 중 자신의 나이만 월등하게 많아 보였다. 모두 자신보다 50년, 60년은 어린 얼굴들이었다. 그래도 부끄러운 마음은 들지 않았다. 배우는 일 앞에선 모두 같은 초보이니까. 오히려 긴장하는 건 젊은 강사였다. 똑같이 넘어져도 더 크게 다칠 수 있기 때문이었다. 넘어질까 봐 무섭지 않았냐는 물음에 윤자님은 "당연히 무서웠지요"라고 웃으며 말했다. 그래도 할 수 있다는 깡다구 정신으로 버텼노라고. 처음엔 페달에 발도 올리지 못했다가 조금씩 능숙해지는 자신이 신기해 무서운 마음은 금세 잊어버렸다고도 했다. 제일 고난도는 좁은 간격으로 세워진 기둥을 빠져나가는 과정이었다. 유연하고 신속하게 커브를 돌아야 하는데 마음처럼 바퀴가 말을 듣지 않았다. 가장 많이 넘어진 것도 그때였다. 윤자님은 당시를 떠올리며 말했다.

"그게 그렇게 어렵더니 결국은 해냈어요."

"자전거를 타고 다니니까 기분이 말도 못 하게 좋았어요. 두 다리로 페달을 밟고 팽팽 나가는데, 바람도 시원하고 가슴이 뻥 뚫리는 것 같고. 이 좋은 걸 왜 이제 알았나 싶었지요. 그때가 서점에 청소하러 다니던 때였는데, 아마 10월쯤이었을 거예요. 도청 사거리에서 서점까지 쭉 뻗은 도로를 타고 내려가는데, 그 길이 가로수가 전부 은행나무잖아요. 바닥은 이미 노란 잎으로 다 덮여 있고, 바람이 부니까 머리 위로 은행잎이 후드드 떨어지는 거예요. 순간 그 장면이 너무 아름답게 느껴졌어요. 그래서 자전거를 세우고 내려서는, 길에 쌓인 은행잎을 양손 가득 담아서 공중에 막 뿌려봤어요. 저도 왜 그랬나 몰라요. 지나가는 사람들이 나를 보고 저 사람 왜 저러나 해도, 그러고 있는 순간이 저한테는 참 좋았어요. 출근 시간이 얼마 남지 않았어도, 나한테는 자전거가 있으니까 마음이 조급하지 않았죠. 가끔은 퇴근길에 자전거를 타면 안장에서 엉덩이를 떼고 쌩쌩 달리는 아이들이 나를 앞서갈 때가 있었어요. 두 다리가 어쩌나 가볍고 즐거워 보이는지. 그만큼 빠르지는 못해도 저 아이들과 같이 달린다고 생각하면 마음에 힘이 솟았어요. 꼭 나한테도 아직 기회가 남아 있는 느낌이랄까. 그렇게 신나게 자전거를 타고 다녔는데, 지금은 다리에 힘이 없어서 탈 엄두도 내지 못해요. 이제는 오래 걷기만 해도 무릎을 살살 달래주면서 가야 하죠. 좀만 더 가보자, 가보자, 하면서요. 그럴 때는 내 몸이 내 몸 같지 않고 그저 아쉬운 마음이 들어요."

그녀가 난생처음 자전거를 타며 말도 못 하게 좋은 기분을 누린 시간은 10년 남짓이다. 1년 전 윤자님이 내게 처음 이 이야기를 들려주었을 땐, 예순다섯이라는 나이에 먼저 마음이 갔다. 현재 우리나라 법적 노인 연령 기준이 65세 이상인 것에 따르면 윤자님은 노인이 되자마자 자전거를 타기 시작한 셈이다. 만약 노년에 접어든 내가 그동안 한 번도 하지 않았던 무언가에 도전한다면 그 용기엔 분명 윤자님의 것도 섞여 있을 것이다. 그러다 시간이 조금 지나서는, 자전거를 타지 못하는 몸이 되었을 때의 윤자님 마음을 헤아려보게 됐다. 윤자님은 여든이 된 지금도 자전거를 탄 사람이 지나가면 자연스레 눈길이 그쪽으로 향한다고 했다. 어떨 때는 자신도 모르게 목이 빠지게 쳐다보게 된다고. 그러면 몸이 기억하는 기쁨이 생생하게 되살아난다고 했다. 얼마나 좋을까, 하고 바라보는 마음엔 부러움도 서운함도 있지만 지나간 한때를 향해 미소 짓는 마음도 있다.

윤자님이 자전거를 보며 느끼는 마음은 서른 후반인 내겐 아직 멀리 있는 마음이다. 10대, 20대엔 가뿐하게 했던 일 중 어떤 것은 이제 힘에 부치기도 하지만, 몸의 한계로 하지 못하게 된 일은 없다. 언젠가 윤자님이 내게 "나는 작가님 나이를 겪어봤지만, 작가님은 제 나이를 안 겪어보셨죠"라고 말한 것처럼 나는 결코 여든의 마음이 되어볼 수 없다. 다만 짐작할 뿐이다. 자전거를 타고 낯선 동네를 누비던 자유로움이 그립고 서운한 추억이 되는 날을. 나보다 젊은이들이 자전거를 타고 지나가는 모습을 목이 빠지게 쳐다보게 되는 마음을. 그때의 나도 윤자님처럼 "그래도 직접 타봐서 좋았어요. 즐거웠던 기억은 나한테 있잖아요"라고 말할 수 있을까. 기억을 어루만지며 눈길을 거두는 마음이 내게도 위로가 될까. 어렴풋한 여든을 건너보는 마음으로, 좋아하는 시의 한 부분을 떠올려본다.

> 한때 네가 사랑했던 어떤 것들은
> 영원히 너의 것이 된다.
> 네가 그것들을 떠나보낸다 해도
> 그것들은 원을 그리며
> 너에게 돌아온다.
> 그것들은 너 자신의 일부가 된다.
> —앨런 긴즈버그, 〈어떤 것들〉[4]

그리고 다시. 낯선 곳에서 자전거를 타는 내게로 돌아온다. 유유히 앞서가는 믿음직한 등이 보인다. 하늘은 더 맑아지고 숲에서는 바람이 분다. 여전히 조용한 일요일의 유원지. 10분쯤 더 달려가다 보면 우리가 약속한 목적지에 도착할 것이다. 언제까지 나아갈 수 있을 것 같다가도, 어느 지점에선 결국 자전거에서 내려야 한다는 것을 안다. 아직은 아무런 통증 없이 가뿐하게 페달을 밟는다. 기분 좋게 나아간다. 이 모든 게 나의 일부여서 기쁘다.

일단은 전력투구

긴 연휴가 이어지던 5월의 어느 날. 이승기 선생님의 안부가 궁금해 불쑥 전화를 걸었다. 수화기 너머로 들려오는 익숙하고 유쾌한 목소리에 마음속으로 안도했다. 여전히 건강하게 잘 지내고 계시는구나, 하는 생각에. 근황을 여쭈니 선생님은 한껏 더 쾌활한 목소리로 대답하셨다.

"5월은 도통 집에 있을 수 없는 날씨 아니냐."

"그렇죠? 산책하기 좋은 날들이에요."

"그래서 요즘엔 영화도 하루에 한 편씩만 보고 괜히 밖으로 쏘다니게 돼."

"오늘은 어디 가시려고요?"

"오후엔 버스를 타고 서점에 다녀와야 해. 화요일은 《씨네21》이 나오는 날이거든. 돌아와선 톰 크루즈가 30년 전에 출연한 〈칵테일〉이라는 영화를 볼 거다."

그랬다. 매주 화요일은 단골 서점에서 《씨네21》을 구입하고, 일주일에 두어 번 버스를 타고 30분 거리에 있는 종합터미널에 가서 종이신문을 사서 보는 일. 피치 못할 사정이 있지 않는 한은 꼭 지키는 일이라고, 일전에 선생님께 들은 적이 있었다. "정기구독을 하면 더 편하게 보실 수 있지 않을까요?"라고 묻자 선생님이 대답하셨다. '이번엔 어떤 이야기를 읽게 될까' 기대하며 일부러 긴 외출을 떠나는 기쁨. 그 기쁨을 왜 포기하겠느냐고. 왕복 차비 1,500원을 내고 버스 창문 너머 세상을 구경하는 일도 선생님에겐 덤으로 얻는 즐거움이라고 했다. 그 말을 듣자 어느 맑은 날 버스 창가 자리에 앉아 선선한 바람을 맞는 기분이 떠올랐다. 그리고 그와 함께, 재킷 주머니에 돌돌 만 신문을 끼워 넣고 창가 자리에 앉은 선생님의 모습을, 선생님의 얼굴에 순하게 닿는 바람을 상상하게 되었다. 그런 상상은 언젠가 버스에 홀로 앉은 어떤 노인을 보았을 때, 그를 더 부드러운 마음으로 바라볼 수 있게 해주었다. 이후 나는 선생님께 〈칵테일〉이 어떤 영화인지 묻고는, 최근에 개봉한 〈해피엔드〉

라는 영화를 보셨는지 물었다. 친구들 사이에서 꼭 봐야 하는 영화로 회자되는 작품이었다.

"며칠 전 극장에서 〈볼레로〉를 보고 나오는데 상영관 앞에 젊은 사람 열댓 명이 서 있더구나. 무슨 영화길래 젊은이들이 저렇게 기다리나 봤더니 그 영화가 〈해피엔드〉야. 일본 영화도 참 좋은 게 많지. 안 그래도 토요일에 보려고 기대하고 있다."

역시. 선생님은 모르는 영화가 없구나, 하는 생각에 웃음이 났다. 언제나 나보다 더 많은 영화를 알고 그 영화를 먼저 사랑하고 있는 사람. 그리고 그 사실을 확인하는 일이 매번 가슴 뻐근하게 좋은 이유는 무엇일까. 나는 선생님이 들려줄 〈해피엔드〉 감상평이 궁금해 일주일 후 선생님을 찾아뵈어도 되느냐고 물었다.

"다음 주 화요일 말이지? 그날은 오후에 도서관에서 강연이 있어. 오래된 영화 이야기를 들려달라고, 감사하게도 나에게 기회를 줬지."

"그럼 강연 전에 제가 점심 사드릴게요. 응원의 의미로요."

"아니야. 그날은 그럴 수 없지."

"선약이 있으세요?"

"이제는 내가 늙어서 집중력이 예전 같지가 않거든. 그래서 그날은 오직 강연을 위해서 전력투구해야 해. 시간 내서 와준 사람들에게 누를 끼칠 수는 없지."

"전력투구요?"

"그럼. 전력투구해야지."

 전력투구라는 말을 듣는 순간, 오늘 선생님에게 전화를 건 진짜 이유가 떠올랐다. 최근 들어 쓰기 시작한 몇 편의 글이 도통 완성되질 않아 지난밤부터 좌절감에 사로잡혀 있던 터였다. 누구에게 이 고민을 털어놓을 수 있을까, 고민하다가 떠오른 사람이 선생님이었다. 왜인지 선생님이라면 내게 답을 알려주지 않을까 막연한 기대감이 있었다. 그렇다면 오늘 내가 선생님에게 얻은 답이란, 전력투구인 걸까.

 달력을 들여다보며 선생님과 약속 날짜를 다시 잡았다. 아무래도 5월은 도통 집에 있을 수 없는 날씨니까, 아쉬운 계절에 만나 맛있는 점심을 먹는 것이 좋겠지. 커피를 마시러 가는 길, 함께 짧은 산책을 하는 시간도 좋을 것이다. 그렇다면 그전까지 해야 할 일은 하나뿐이겠다. 일단은 우리, 각자의 자리에서 전력투구하는 것으로.

장면#2

내일도 만나요

한동안 아침 8시마다 같은 카페에 앉아 글을 썼다. 그러다 보니 매일 마주치는 사람들이 생겼고, 헝클어진 흰머리에 하늘색 셔츠를 입은 외국인 할아버지도 그중 하나였다. 작업하다 잠시 시선을 돌리면 그는 대체로 허공을 응시하며 중얼거리다가 어느 순간 고개를 푹 숙이고는 빠르게 무언가를 써내려가곤 했는데, 얼마나 치열한지 가끔은 종이가 그를 끌어당기고 있는 것 같았다. 이토록 무엇인가에 몰입한 노인의 얼굴을 나는 본 적 있었던가. 하지만 내가 그를 기억하게 된 진짜 이유는 그다음 행동에 있었다. 그는 애써 쓴 글이 마음에 들지 않을 때면, 망설임 없이 몇 번이고 그걸 찢어버렸다. 저마다 하루를 시작하는 카페의 수런거림 속에서, 날카롭게 종이를 찢는 소리가 들릴 때마다 흠칫 놀라곤 했다. 내가 쓴 글도 아닌데, 왜 그토록 아까운 마음이 들었을까. 그러거나 말거나 그는 다시 글을 썼고, 그 탄성과 반복이 매번 놀라웠다. 언제나 나보다 먼저 자리를 떠나던 그가 여전히 무언가에 사로잡힌 얼굴로 문을 나서는 모습을 볼 때면 늘 인사를 건네고 싶은 마음이 일었다. 언젠가 말을 걸어볼 수 있을까. 요즘 나는 매일 당신을 보며 힘을 얻고 있다고. 그러니 내일도 같은 자리에 앉아 있는 당신을 만나고 싶다고.

하늘 봐, 별이 진짜 많아

하루는 새벽반 수영을 다니는 친구에게서 전화가 왔다. 1년째 초급반을 벗어나지 못하고 있다는 그는, 오늘도 레일 끝자리에서 물만 마시고 왔다며 우스갯소리를 했다. 그동안에도 친구는 수영장에서 있었던 일들을 종종 들려주었고, 그때마다 나는 머릿속으로 새벽 수영장의 풍경을 그려보길 좋아했다. 아마도 그 시간대 수영장에 유독 할머니, 할아버지 강습생이 많다는 말에 더 관심이 생겼기 때문일 것이다. 그날 친구는 강습을 마친 뒤 샤워실 앞에서 순서를 기다리다가 마주친 장면 하나를 이야기해주었다.

"모두 서서 샤워하고 있는데 한 분만 바닥에 앉아 씻고 계신 거야. 왜 그러실까 하고 보니, 여든쯤 되어 보이는 할머니셨어. 서서 씻는 게 힘드셨겠구나 하고 있는데, 일흔쯤 되어 보이는 또 다른 할머니가 그분에게 다가가서는 그러시더라. '언니, 우리 꼭 오래오래 수영합시다.'"

친구는 그 장면을 보며 처음으로 이런 생각이 들었다고 했다.

'나는 언제까지 수영을 할 수 있을까?'

자신은 아직 30대 후반이고, 그럼에도 새벽 수영이 버거워 억지로 수영장에 나선 날도 많았는데, 그분들에겐 수영하는 하루하루가 얼마나 소중한지 문득 실감이 났다고 했다. '힘들어서 못 하겠다'라는 말을 농담처럼 내뱉는 일조차 조심스러워졌다고. 그러곤 내게 이 말을 덧붙였다.

"그 모습을 보는데, 너한테 얘기해주고 싶더라."

두 할머니의 이야기를 들으며 마음 한구석이 찡해지던 나는, 친구가 마지막에 덧붙인 그 말에 금세 찡하고도 환한 마음이 되었다. 이 책을 쓰는 동안, 다른 친구들에게서도 비슷한 연락을 자주 받았다. 주로 "오늘 어떤 할머니, 어떤 할아버지를 보았는데, 너한테 말해주고 싶더라"라는 말로 시작하는 메시지였다. 그들은 마치 내가 아직 만나지 못한 노년의 얼굴들을 하나씩 전해주려는 다정한 제보자들 같았다.

어느 오후, 동료 작가 '참새'에게서 메시지가 왔다. 도서관에 강연을 갔다가 만난 할머니 이야기와 함께 사진 한 장이 도착해 있었다. 참새가 들려준 이야기는 이랬다. 강연이 끝난 뒤, 머리가 하얗게 센 할머니 한 분이 다가와 조심스레 공책을 펼쳐 보였다고 했다. 자신이 사람들의 글씨체를 수집하고 있는데, 작가님도 한자 하나를 써줄 수 있는지 물어보셨다고. 함께 보내온 사진에는 그 공책의 한 면이 담겨 있었다. 페이지는 여덟 칸으로 반듯하게 나뉘어 있었고, 칸마다 서로 다른 한자가 적혀 있었다. 그리고 그 아래엔 글씨를 쓴 이의 이름과 서명이 나란히 남아 있었다. 흔쾌히 응한 참새에게, 할머니가 부탁한 한자는 '볕 양'이었다. "'볕 양'이라는 글자, 너무 좋지 않나요?"라는 말과 함께. 참새는 자신에게 맡겨진 글자를 기쁘게 적었다고 했다. 김신지라는 이름과 서명도 잊지 않고서.

메시지를 확인하고 나니, 글씨를 수집하는 할머니를 만나고 싶은 마음이 차올랐다. 내일이라도 만날 수 있다면 꼭 묻고 싶은 질문들도 생겨났다. 할머니는 어떤 이유로 글씨를 모으기 시작하셨을까. 지금까지 얼마나 많은 글씨를 모았을까. 남몰래 공책을 펼쳐보는 마음은 또 어떨까. 하지만 스쳐 간 사람은 다시 만날 수 없었다. 대신 우리는 이 프로젝트가 얼마나 귀엽고도 근사한지 이야기하며, "할머니들도 모두 인스타그램을 하시면 좋겠다"라고 농담을 주고받았다. 그러면 분명 많은 사람이 '좋아요'를 눌러줄 텐데. 멀리서 응원 댓글이라도 남길 수 있을 텐데. 그러곤 동시에 말했다.

"어떻게 할머니는 이걸 혼자서만 아실 수 있지?"

또 어느 하루, '미화리'에게서 두 장의 사진이 도착했다. 함께 온 메시지엔 "달님 선물!"이라는 말이 덧붙어 있었다. 사진을 확인하고선 왜 선물이라고 했는지 단번에 이해할 수 있었다. 보자마자 웃어버렸으니까. 버스 안에서 찍었다는 사진 속엔, 꽃무늬 셔츠를 입은 한 할머니가 직접 쓴 듯한 영어 문장이 적힌 노트를 보고 계셨다. "I'll have the same thing"이라는 문장 아래엔 "저도 같은 걸로 할게요"라는 뜻이 함께 적혀 있었다. 얼굴은 찍지 않은 사진이라 할머니의 표정은 볼 수 없었지만, 충분히 상상해볼 수 있었다. 3년 전, 영어 공부에 흠뻑 빠져 있던 아흔 살 '최 할머니'를 인터뷰한 적이 있었기 때문이었다.

최 할머니와 이야기를 나누기 위해 집에 방문했던 날. 현관에서부터 보이는 집 안 풍경에 깜짝 놀랐다. 할머니는 주방과 방이 분리된 원룸에 살고 계셨는데, 그 작은 공간엔 눈이 닿는 곳마다 영어 단어가 적힌 수백 장의 종이가 붙어 있었다. 어색한 필체로 하나하나 적힌 단어들 곁엔 한글 발음과 뜻이 적혀 있었고, 어떤 종이에는 손으로 그린 그림도 곁들여져 있었다.

조리박이 매달려 있는 곳에는 '매달다, hang', 친구들과 찍은 사진 액자 위엔 '친구, friend', 냉장고 위엔 고구마 그림과 함께 'Sweet potato'가 적힌 종이가 붙어 있는 식이었다. 그리고 그 종이엔 특별히 응용 문장 하나가 더 적혀 있었다.

"삶아서 우리 언니하고 같이 나누어 먹고 싶다."

그날, 나는 그 많은 종이를 눈에 담으며 물었다.

"왜 이렇게 곳곳에 다 붙여두셨어요?"

그러자 할머니는 조금 수줍은 웃음을 지으며, 이렇게 대답하셨다.

"영어를 너무 사랑해서 까먹지 않으려고 붙여둔 거야."

그때 내가 본 그 표정이, 버스 안에서 노트를 들여다보던 할머니의 표정과 조금은 비슷하지 않았을까.

오랜만에 얼굴을 마주한 이들은, 내가 하는 작업을 듣고 나면 하나둘씩 자신이 만난 할머니, 할아버지 이야기를 꺼내놓곤 했다. 아마도 나를 돕고 싶은 마음이었을 것이다. 혼자 사는 노인들의 장례를 도와주고 싶어서 장례지도사가 된 할아버지 이야기를 들려준 사람도 있었고, 연하의 남자친구와 사람들이 없는 곳에서만 손을 잡고 걷는다는 할머니 이야기를 들려준 이도 있었다. 또 사진을 찍는 한 친구는 이런 이야기를 들려주었다. 혜성이 떨어진다고 했던 어느 날 밤, 장비를 챙겨 경상도의 한 산속에서 기다리고 있었는데 70대쯤 되어 보이는 분이 혼자 나와 자신의 키만 한 망원경으로 별을 보고 계셨단다. 나중에 여쭤봤더니 별을 더 잘 보고 싶어서 본인이 직접 망원경을 만들었다고 하셨다고. 그게 정말 멋있었다고, 친구는 말했다.

그들이 들려주는 이야기를 들으며 두 가지 마음이 일었다. 하나는, 내가 아직 모르는 노년의 이야기가 이렇게도 많다는 사실에 새삼 감탄하게 되는 마음. 또 하나는, 더 많은 노년의 삶을 부지런히 만나, 그렇게 모은 이야기들을 누군가에게 꼭 들려주고 싶다는 마음이었다. 그 마음은 이런 순간과 닮아 있었다. 깊은 산에 놀러 간 어느 날, 늦은 저녁 숙소로 돌아와 차에서 내리면 누군가는 꼭 이렇게 말하곤 했다.

"야, 하늘 봐. 별이 진짜 많아."

그러면 거기 있는 사람들도 일제히 하늘을 올려다보았고, 필연적으로 이런 이야기를 하게 됐다.

"그러게. 몰랐는데 이렇게나 많은 별이 있었네."

그러니까 내가 노년의 이야기를 궁금해하는 마음에는, 분명 이러한 이유도 있던 것이다. 막연히 노년의 시간을 두려워하거나, 그 시간에 깃들어 있는 여전한 별빛을 상상하기 어려워하는 사람들. 그리고 나와 함께 나이 들어갈 소중한 친구들에게,

노년의 시간으로 씩씩하게 같이 가보자고 말하고 싶은 마음.

아마 그 마음이, 내가 이 이야기를 계속 따라가게 만드는 힘이었을 것이다.

장면#3   아빠, 나 좀 봐!

처음 가보는 카페 2층 테라스에 앉았을 때였다. 정면으로 동네 사람들이 가득한 공원 풍경이 한눈에 들어왔다. 글을 쓰려고 앉았지만, 이내 사람 구경에 마음을 빼앗겼다. 초등학교 운동장만 한 공원엔 사람들이 저마다의 모습으로 풍경의 일부가 되어 있었다. 자전거를 타고 돌아다니는 아이들, 벤치에 앉아 쉬는 할머니들, 정자에 모여 바둑 두는 할아버지들, 유아차를 끌며 산책하는 부부. 그중 유독 내 마음을 붙든 장면은, 휠체어 연습을 반복하던 한 할아버지였다. 다리를 다치신 걸까, 아니면 걷기 어려워지신 걸까. 할아버지는 서툰 손길로 바퀴를 밀며 조심스럽게 움직였다. 그때 어디선가 "아빠!" 하는 소리가 들렸다. 소리가 나는 쪽을 바라보니, 50대쯤 되어 보이는 여성이 그네를 타며 할아버지를 부르고 있었다. "아빠, 나 좀 봐!" 할아버지가 천천히 휠체어를 움직여 그네 쪽으로 다가갔다. 그러자 더 높이, 보란 듯이 그네가 떠올랐다. 그네를 따라 할아버지의 고개도 움직였다. "아빠, 나 잘 타지?" 묻는 목소리에 할아버지가 느리게 박수를 쳤다. 두 사람은 오래전에도 이런 시간을 보낸 적 있었을까. 할아버지의 휠체어 옆으로 자전거를 탄 여자아이들이 깨끗한 여름빛 같은 얼굴로 웃으며 스쳐 갔다. 공원의 시간이 그렇게 흐르고 있었다.

춤을 추게 될 거예요

제가 요새 시니어 노래교실에 다녀요. 일주일에 한 번 동사무소에서 하는 수업인데 가면 60대 후반인 제 또래가 열댓 명, 70대, 80대 어른들이 스무 명 정도 있어요. 마흔 명이 넘는 할머니들이 어느 날엔 〈추억의 소야곡〉을 배우고 어느 날엔 〈아모르 파티〉를 불러요. 선생님은 항상 소리를 시원하게 내지르라고 하는데 나는 자꾸 목 안에서 갈라지는 소리가 나서 주저하게 돼요. 그래도 한 번씩 용기를 내서 고음을 지르면 답답했던 속도 풀리고, 또 그런 제 모습이 좀 웃긴 거 있죠.

원래부터 노래 듣는 건 좋아했는데 잘 부르진 못했어요. 제가 노래를 하면 목소리가 사시나무처럼 떨리고 음정도 잘 못 맞추거든요. 그래서 젊었을 땐 누가 노래를 불러보라고 하면 부끄러워서 안 불렀어요. 웬만하면 그런 자리는 피하면서 살았죠. 오죽하면 제가 몇 년 전에 노래방을 크게 한 적이 있는데, 그때도 마이크 한번을 안 잡았어요. 손님들이 아무도 없을 때도 내 노래를 불러볼 마음이 안 생기는 거예요. 그랬는데 참 신기하죠. 나이 들어 시간이 너무 많이 남으니까 노래교실에나 한번 가볼까 생각이 든 거예요.
거기 가면 다 할머니들이니까 못 불러도 덜 부끄럽겠지
싶고. 또 나이 들어서 목을 너무 안 쓰면 안 좋대요.
고함이라도 질러야 한대요. 그래서 용기를 내서 간 거예요.

우리가 노래 한 곡을 배우면 다 같이 따라 부르는 시간이
있는데, 한 번씩 선생님이 우리한테 마이크를 넘길 때가
있어요. 그러면 그 마이크를 받은 사람이 대표로 남은 노래를
다 부르는 거예요. 하루는 〈산 너머 남촌에는〉을 부르고
있었는데 신입인 저한테 마이크가 온 거예요. 얼떨결에
받기는 했는데 너무 놀라서 심장이 미친 듯이 뛰는 거
있죠. 반주는 계속 흐르지, 사람들은 내 노래를 기다리지.
마이크 쥔 손에 땀이 막 나는데 그렇다고 여기까지 와서
도망치기는 또 싫은 거예요. 에라 모르겠다. 망치든가
말든가. 너무 부끄러우면 다음 주부터는 오지 말자 하는
마음으로 끝까지 불렀어요. 마지막 가사까지 안 빼먹고
꿋꿋하게. 물론 노래는 다 망쳤어요. 얼마나 못 불렀는지

사람들이 박수도 제대로 안 쳐주는 거 있죠. 큰일이다.
다음 수업은 진짜로 못 가겠다 싶어 집에 와서 딸에게
전화를 걸었어요. 엄마가 오늘 노래교실에 가서 노래를 다
망쳐놓고 왔다고. 그랬더니 우리 딸이 그러는 거예요. 엄마.
노래교실은 원래 틀리는 게 묘미인 거야. 실력 뽐내러 가는
거 아니고 다 즐겁자고 하는 거니까 기죽지 말고 가.

그래서 어떻게 하셨어요?

딸이 말해준 대로 씩씩하게 다음 수업에 갔어요. 부끄러울
줄 알았는데 막상 가보니까 별것 아닌 거 있죠. 요즘엔
김양의 〈바람의 연가〉를 배우고 있어요. 제가 다른 건
몰라도 가사 외우는 건 너무 잘하거든요. 오늘 배우면 다음
날에 가사를 다 외워서 불러요. 〈바람의 연가〉는 오지 않는
이를 기다리는 노래예요. 하얀 밤을 지새우고 나면 문밖에
그대가 와 있을까. 하루하루 그대만 기다리다 가슴에 자꾸
멍이 든대요. 그 마음을 곱씹으면서 부르면 목소리도 표정도

달라져요. 주위를 둘러보면 전부 노래의 주인공이 되어
있달까요. 그게 참 재밌어요. 그리고 왜인지는 모르겠는데
요즘엔 사람들 속에 있는 내가 좋아요. 학창 시절에 반에서
합창하던 것도 떠오르고…. 잘 모르는 사람들이지만 노래를
부르는 동안엔 함께 있다는 거. 그 느낌이 좋은 거 있죠.

한번은 이런 일도 있었어요. 우리가 60대부터 80대까지
같이 수업을 듣는다고 했잖아요. 어느 날은 선생님이 젊은
사람들은 무대 앞으로 나와보래요. 내 나이가 예순여덟이니까
이젠 어디 가서 젊은 축에도 못 끼는데 거기선 나도 젊은
사람인 거죠. 왜 나오라는지도 모르고 주섬주섬 짐을
챙겨서 나갔어요. 한 열 명쯤 무대에 섰으려나. 그랬더니
선생님이 우리더러 춤을 한번 춰보래요. 젊은 사람들이
분위기를 한번 띄우라는 거죠. 그 짧은 순간에 오만 생각이
다 드는 거예요. 제가 어디 가서 노래를 불러본 적이 없다고
했잖아요. 그런 사람이 춤이라고 춰본 적이 있겠어요. 이걸
어떡해야 하나. 노래 망치는 건 아무것도 아니었구나.

눈치만 보고 서 있는데 노래가 시작되니까 어떤 사람은 망설임 없이 춤을 추는 거예요. 누가 보든 말든. 자기가 춤을 잘 추든 못 추든. 그래서 저도 난생처음 사람들 앞에서 막춤을 춰봤어요. 이리저리 팔을 흔들고 허리를 비틀고 한 바퀴 돌기도 하고요. 나라는 사람은 이런 걸 전혀 못 할 줄 알았는데, 막상 자리에 돌아오니까 웃음도 나고 춰보길 잘했다 싶은 거 있죠. 평소 안 쓰던 근육을 써서 그런지 다음 날 호되게 몸살이 났지만요. 옛날 같으면 해볼 생각도 안 했을 텐데, 지금 내 나이여서 가능한 일인 거죠.

왜 그런 걸까요?
전보다 부끄러움이 적어지나요?

물론 그런 것도 있겠지만, 나이가 들면요. 어느 순간 알게 돼요. 지금 내가 이걸 하지 않으면 이제는 영원히 하지 못할 수도 있다는걸. 젊을 땐 나에게 얼마든지 기회가 있을 거라고 생각하잖아요. 지금 자신이 선 자리가 얼마나 소중한지도 모르고요. 그런데 나이가 들면요. 무언가를 해볼 기회가 드물게 주어져요. 나한테 관심 갖는 사람들이 없어져요. 그러니 기회가 왔을 때 한번 저질러보는 거죠. 그때가 아니면 제가 또 언제 사람들 앞에서 막춤을 춰보겠어요. 박수를 받아보겠어요. 작가님도 사람들 앞에서 춤춰본 적 없다고 하셨죠? 지금은 용기가 안 나도요. 언젠가는 춤을 추게 될 거예요. 그땐 망설이지 말고 신나게 춰보세요.

그럴까요?
그 순간이 오면 지금 선생님을 떠올릴게요.

그래요. 꼭 해보세요.
그땐 작가님 나이가 몇 살이려나….

✧ 이 글은 최복덕 선생님의 말을 옮겨적었다.

3부

서로를

궁금해할 수 있다면,

아는 노인

한파주의보가 내려진 밤, 거실 소파에 앉아 쉬고 있는데 갑작스레 재난 문자(실종경보 문자)◆ 알림이 울렸다.
'○○시에서 실종된 김○○ 씨를 찾습니다.'
노란 바탕의 문자창에는 실종자의 간단한 인상착의와 더 자세한 정보를 볼 수 있는 링크가 함께 있었다. 이토록 춥고 늦은 밤에 실종이라니, 곧바로 링크를 클릭했다. 화면에는 곱게 빗어 넘긴 백발에 노란 저고리를 입은 한 노인의 얼굴이 나타났다. 나이는 여든다섯. 키 156센티미터에 마른 체격. 보라색 점퍼 착용 추정. 그리고 노인의 이름 옆에는 치매 환자임을 알리는 표시가 덧붙어 있었다. 이처럼 실종경보 문자를 통해 알게 되는 실종자 대부분은, 치매를 앓고 있는 고령의 노인들이다. 나의 할머니도 치매 환자였기에 실종경보 문자를 받을 때면 화면에 뜬 낯선 노인의 얼굴을 유심히 들여다보게 된다. 혹시나 오늘 저녁 길을 걷다 마주친 노인은 아닐까, 생각하면서. 종종 SNS에 소식을 공유하고, 동네를 둘러보며 실종 경보 해제가 되었는지 수시로 확인한다. 다행히 몇 시간 내에 발견되기도 하지만, 몇 달째 또는 몇 년째 집으로 돌아오지 못하는 이들도 있다. 오늘 밤 한 사람이 아무도 모르게 사라졌다는 문장은 그 자체로 서늘하다. 잠들기 전까지 실종경보가 해제되지 않는 날이면, 열리지 않는 현관문을 바라보는 실종자 가족의 마음을 생각한다. 어둠이 내려앉은 거실에서 "도대체 당신은 어디 간 거야?" 혼잣말하는 사람의 목소리를.

2025년, 한국의 치매 환자 수는 97만 명을 넘어섰다. 한 해 치매 실종 신고 건수는 1만 건 이상. 하루 평균 마흔 명의 노인이 길을 잃고 헤매는 셈이다. 2023년, 한국일보는 기획 시리즈 '미씽, 사라진 당신을 찾아서'[5]를 통해 치매 실종자 가족들의 사연을 심층 취재하고, 치매 선진국의 모범 사례를 5회에 걸쳐 보도했다. 그중 실종자 가족인 이지윤 씨는 남편이 사라진 2023년 7월 22일, 자신의 삶도 함께 멈췄다고 말했다. 8년 전 치매 진단을 받았지만 혼자서도 동네를 곧잘 다니던 남편은, 그날 자전거를 고치고 오겠다며 집을 나선 뒤 끝내 돌아오지 못했다. 이후 거실에 걸린 종이 달력도 2023년 7월에 머물러 있다. 매달 말일에 달력을 넘기는 건 남편의 오랜 습관이었기 때문이다. 이지윤 씨는 여전히 집으로 돌아갈 때마다 마음속으로 빈다.

> 엘리베이터에서 내려 모퉁이를 돌 때,
> 자전거가 있으면 좋겠다.
> "나 힘들어서 간신히 찾아왔어" 하며
> 기진맥진해서 누워 있으면 좋겠다.[6]

하지만 응답 없는 기도는 이내 다른 혼잣말로 이어진다.
"없네. 오늘도 없네. 도대체 당신은 어디로 간 거야?"
아내의 독백은 남편의 흔적이 고스란히 남은 집 안을 맴돈다. 그는 정말 어디로 간 걸까. 왜 아무도 길을 헤매던 그를 도와주지 못했던 걸까.

치매 환자에게 흔히 나타나는 '배회wandering' 증상은, 아무런 계획도 목적지도 없이 계속 돌아다니는 행동을 말한다. 배회가 치매 환자 실종의 주요 원인인 이유다. 이를 예방하기 위해 정부는 지문 사전 등록, 배회 가능 어르신 인식표 부착, 배회감지기 보급 등의 정책을 마련했다. 하지만 통제와 관리에 초점을 둔 이러한 시스템만으로는, 실질적인 안전망을 구축하기엔 한계가 있다. 한국일보는 치매 실종자 가족의 사연을 담은 인터뷰에 이어, '치매 환자가 배회해도 안전한 마을'을 지역사회 속에서 구현해낸 일본 후쿠오카현 오무타시의 사례를 소개했다.

기사에 따르면, 후쿠오카현 오무타시에서 2022년 한 해 동안 경찰이 보호한 길 잃은 치매 노인은 174명, 그중 가족이 실종 신고를 한 경우는 73건(42퍼센트)에 불과하다. 절반이 넘는 노인들은 가족이 실종 사실을 알아차리기도 전에, 지역 주민의 신고로 경찰에 인계됐다. 어떻게 그럴 수 있었을까? 이처럼 '안전한 배회'가 가능했던 데에는, 오무타시가 2004년부터 매년 실시해온 '치매 환자 실종 모의훈련'이 큰 역할을 했다. 훈련은 이렇게 진행된다. 실제 또는 가상의 치매 환자가 시내를 배회하면, 시 당국은 시민들에게 실종 정보를 전달한다. 시민들은 거리에서 비슷한 사람을 마주치면 말을 건네고, 경찰에 신고하는 방식으로 훈련에 참여한다. 이 과정을 반복하면서 시민들은 치매 환자에게 먼저 말을 걸어본 경험을 쌓게 되었고, 그 덕분에 실제 상황에서도 배회 중인 이웃을 알아보고 자연스럽게 다가섰다. 환자 역시 낯선 거리에서 만난 사람에게 보다 편하게 도움을 요청할 수 있게 된 것이다. 오무타시 주민들이 근처에 어떤 치매 환자가 살고 있는지 알고 있다는 점도, 실종자 수색에 큰 도움이 되었다고 기사는 전한다. 우에노 지즈코 작가의 책,《누구나 혼자인 시대의 죽음》[7]에서도 비슷한 사례를 발견할 수 있다.

> 이시가키 섬에 갔을 때 현지의 헬퍼에게 '이 주변에 배회 노인은 없다. 산책하는 노인이 있을 뿐이다'라는 이야기를 들었다. 이시가키 섬의 주민은 노인이 산책하는 모습을 주위에서 따뜻하게 지켜보는 것만으로 배회하는 노인을 없앴다.

오무타시와 이시가키 섬의 사례는 내게 질문을 던진다. 실종경보 문자에 서늘함과 안타까움을 느낄 때. 치매 환자가 100만 명에 이른다는 뉴스에 막연한 두려움을 느낄 때. 그 안타까움과 두려움으로, 무엇을 할 수 있을까 깊이 고민한 적 있는지를. 그동안 나의 눈길이 누군가의 삶을 지키는 데 관여한 적 있는지를.

폭염이 이어지던 지난여름. 인도를 걷다 느티나무 그늘에 앉아 있는 한 할머니를 보았다. 오른편으로 꺾으면 주택가 골목으로 이어지는 모퉁이 자리였다. 눈처럼 하얀 파마머리를 한 할머니는 평평한 바위를 의자 삼아 앉아, 조용히 주위를 둘러보고 있었다. '할머니는 왜 저기에 앉아 계신 걸까' 그렇게 생각하면서도 햇볕이 너무 뜨거워 걸음을 재촉하는데, 뜻밖의 목소리가 들려왔다.

"덥지? 여기 앉아 있다가 가. 엄청 시원해."

'설마 나를 부른 걸까?' 싶어 돌아봤을 때, 할머니가 웃는 눈으로 나를 보고 있었다. 한 손으로는 자신의 옆자리를 툭툭 두드리며 알려주면서. 어떻게 해야 하나 잠시 망설였지만, 그 손을 무안하게 만들고 싶지 않아 걸음을 돌렸다. 할머니들은 왜 이렇게 쉽게 곁을 내주는 걸까. 앉으면 이것저것 말을 붙이실 줄 알았는데, 의외로 할머니는 내게 큰 관심을 보이지 않았다. 그저 지나가는 사람에게 건네는 호의였을까. 덕분에 나도 말없이 그늘 속에 앉아 있을 수 있었다. 바람이 불어와 할머니가 벗어놓은 다홍색 신발 위로 나뭇잎 그림자가 아른거렸다. 사람들이 모르는 게 아까울 만큼 시원한 자리였다.

"할머니는 왜 여기 앉아 계세요?"

"세상 구경하려고 나왔지. 집에선 하루 종일 할 게 없거든."

"이 자리에 매일 앉아 계세요?"

"응. 항상 여기 있지. 비 오는 날, 병원 가는 날 빼곤 여기가 내 자리야."

매일 같은 자리에서 어떤 세상을 구경하시는지 묻자 할머니는 이렇게 말했다. 같은 시간에 지나가는 버스가 오늘도 제때 가는지 보고, 저기 보이는 산에 조금씩 다 다르게 생긴 나무들을 보고, 여기로 왔다 저기로 걸어가는 사람들을 보고, 앞집 사는 노인이 병원에서 돌아왔는지도 본다고. 그러다 자연스레 할머니가 어느 집에 사는지, 자식들은 어떤 일을 하는지, 손주는 올해 무슨 대학에 들어갔는지 듣고 있는데 지나가던 한 중년 남자가 할머니를 보고 먼저 알은체를 했다.

"어무니. 어제는 왜 안 나와 계셨습니까?"

"어제는 소화가 안 돼서 병원에 다녀왔지."

"그랬습니까? 안 보이셔서 걱정했네요. 내일도 여기 앉아 계시이소."

친근하게 말을 건네던 남자가 지나간 뒤 할머니에게 물었다. 저분과 잘 아는 사이시냐고. 할머니는 본인도 그 상황이 재미있다는 듯 웃으며 말씀하셨다.

"잘 알지. 그런데 이름도 모르고 나이도 몰라. 그냥 인사하다가 정든 사이야."

이후 30여 분쯤 할머니 옆에 앉아 있는 동안, 대여섯 명의 사람들이 우리 앞을 지나갔다. 할머니는 나에게 그랬듯 모든 사람에게 불쑥 인사를 건넸다. 오늘 날이 너무 덥지 않느냐고. 더우면 그늘에 쉬었다 가라고. 그중 세 사람은 미소를 보이며 지나갔고, 손부채질하며 걷던 중년 여성은 "정말 덥네요"라며 내 옆에 앉아 더위를 식혔다. 그렇게 처음 보는 세 사람이 느티나무 그늘에 앉아 있던 풍경을, 지난여름의 한 장면으로 기억하고 싶다.

그때 그 할머니를 떠올리며 생각했다. 만약 할머니가 동네에서 길을 잃는다면 선뜻 도와주는 사람들이 많을 것이라고. 그동안 할머니를 보고, 기억하고, 인사하며 정든 이들이 분명 있을 테니까. 이름도 나이도 모르지만, 할머니 옆자리에 앉아서 쉬었다 간 사람들이 있을 테니까.

그렇다면 내가 할 수 있는 일도 선명해진다. 동네를 걸을 때 혼자 있는 노인의 모습을 눈여겨보기. 자주 마주친 얼굴을 기억하기. 그렇게 '아는 노인'을 하나둘 늘려가기. 한 아이를 키우는 데 온 마을이 필요하다는 격언처럼, 한 노인을 지키는 데 필요한 여러 눈길 중 하나가 되기.

늦은 밤. 어느 도시에선 눈이 내린다는 밤. 자정에 가까운 시간에도 드문드문 불이 켜진 아파트 창문들을 바라본다. 오늘은 다행히 실종경보 알림이 울리지 않았다. 적어도 내가 사는 동네에선, 모든 노인이 무사히 집으로 돌아갔다는 뜻일 것이다. 하지만 기억해야 할 서늘한 사실 하나. 지금 이 순간에도, 집으로 돌아가는 길을 잊은 3.98명의 노인이 하염없이 길을 헤매고 있다.

✧ 2021년 6월, 경찰청은 실종사건 발생 시 국민 제보를 활성화하기 위해 실종아동 등의 정보를 휴대전화 문자메시지로 전송하는 '실종경보 문자' 제도를 본격 시행했다. 실종아동법 개정에 따라 시행되는 제도로, 대상은 만 18세 미만 아동, 지적·자폐성·정신장애인, 치매 환자 등이다. 경찰청에 따르면 시행 이후 현재(2025년 5월 8일 기준)까지 발송한 실종경보 문자 메시지는 총 7,271건이며, 이 중 문자를 본 시민의 제보로 실종자를 발견한 사례는 1,766건(24.5퍼센트)이다.

나는 잘 지내요

+ *

매주 수요일엔 버스를 타고 한 시간 거리에 있는 'ㄱ노인종합복지관'으로 간다. 인근 동네에 거주하는 독거노인분들에게 전화로 안부를 묻는 봉사활동을 하고 있어서다. 1년 전, 복지관을 처음 방문했던 날. 담당 복지사는 대상자의 간단한 인적사항이 적힌 명단과 통화 내용을 기록하는 상담일지를 건네주었다. 요일별로 다른 봉사자가 각자 담당하는 노인분들에게 전화를 건다고 했고, 그중 수요일을 맡은 내겐 일곱 명의 노인이 배정되었다.

"일주일 동안 어떻게 지내셨는지, 아프신 곳은 없는지 여쭙고 말벗을 해드리면 됩니다. 잘 부탁드릴게요."

안내를 마친 복지사가 자리로 돌아간 후, 전화기 앞에 앉아 그녀가 건넨 통화 대상자 명단을 훑어보았다. 내가 알 수 있는 건 그들의 이름과 나이, 연락처, 비고란에 적힌 질병의 종류였다. '심장암. 뇌졸중. 만성 신부전증. 당뇨. 수면장애. 우울증. 골다공증. 허리디스크…' 곧 대화를 나눌 이들이 어떤 사람인지 힌트를 얻고 싶었지만, 명단에 적힌 정보만으로는 한 사람의 모습이 잘 그려지지 않았다. '당뇨와 수면장애가 있는 88세 여성 독거노인, ○○○'으로만 다가올 뿐.

직업 특성상 섭외 통화를 자주 하는 편이라 전화를 거는 일 자체는 어렵지 않았다. 각자 어떤 이야기를 나누면 좋을지 예상 질문도 미리 준비했다. 하지만 실제로 통화를 하게 되었을 땐, 기대한 만큼 대화를 이어가는 일이 쉽지 않았다. 대체로 노인분들이 청력이 좋지 않은 데다, 낯선 사람과 전화하는 일을 반기지 않는 분도 계셨다. 그날 나의 첫 통화 대상자는 무릎 통증으로 거동이 불편하신, 85세 윤 할머니였다. 긴 신호음 끝에 전화가 연결되었고, 반가운 마음을 담아 인사를 건넸다.

"할머니. 안녕하세요. 복지관이에요. 한 주 동안 잘 지내셨어요?"

그러나 들려오는 건 희미한 텔레비전 소리와 낮게 중얼거리는 목소리뿐. 어떤 말인지 알아듣기 어려워 수화기를 귀에 바짝 대고 다시 안부를 여쭈었지만, 이번에도 마찬가지였다. 이럴 땐 어떻게 해야 하나, 혹시 어디가 편찮으신 건 아닐까, 당황하던 찰나 한 여성이 대신 전화를 받았다. 자신을 요양보호사라고 소개한 그녀는 할머니의 상황을 조심스럽게 알려주었다. 점심을 드신 뒤 낮잠을 주무시다가 막 깨어난 참이며, 전날 드신 수면제 때문인지 아직 정신이 맑지 않으시다고. 점심에 식사도 맛있게 하셨으니 걱정하지 않으셔도 된다는 내용이었다. 사려 깊은 목소리에 감사 인사를 전하고 전화를 마쳤다. 노인분들과 관계를 맺다 보면 그들 곁에 머무는 요양보호사와 생활지원사의 존재를 자주 발견하게 된다. 그럴 때마다 안도한다. 가족이 아닐지라도, 사람 곁에 사람이 있다는 사실에.

윤 할머니 이후 이어진 통화도 마음처럼 잘 되지 않았다. 한 분은 내 목소리가 잘 들리지 않는다며 중간에 전화를 끊어버리셨고, 한 분은 하루 종일 누워만 계셨다며 무기력한 목소리로 짧은 대답을 하실 뿐이었다. 여러 번 전화를 걸었지만 끝내 받지 않는 분도 계셨다. '앞으로 내가 이 일을 잘할 수 있을까?'라는 생각에 조금 주눅 들어 있을 때, 마지막 통화 순서가 다가왔다. 이름에 '기도하는 마음'이라는 뜻이 담긴, 90세 오 할머니였다. 다행히 오 할머니는 마치 전화를 기다리고 계셨던 것처럼 반갑게 인사를 받아주셨다. 그 목소리가 밝고 따뜻해 덩달아 용기를 얻은 나도 명랑하게 다음 말을 이어갈 수 있었다.

"오늘 날씨가 너무 춥죠. 지금은 무얼 하고 계셨어요?"

하지만 어쩐 일인지 이번에는 할머니의 대답이 들리지 않았다. 짧은 사이, 어색한 정적이 흘렀다. 혹시 못 들으신 건가 싶어 다시 한번 큰 목소리로 여쭈려는데, 잠시 후 오 할머니의 민망함이 섞인 웃음소리가 들려왔다.

"선생님. 미안해요. 내가 나이가 많아서 잘 안 들려요."

그 웃음소리에 떠오르는 익숙한 얼굴이 하나 있었다. 언제부턴가 사람들의 말소리를 잘 알아듣지 못해 몇 번을 되묻고는, "아유, 무슨 말인지 하나도 모르겠네" 하고 멋쩍게 웃던 나의 할머니 얼굴이. 오 할머니에게 전혀 미안해하실 일이 아니라고 말했지만, 이 말 또한 정확하게 전달이 되지 않는 듯했다. 그럼에도 전화해줘서 고맙다고 인사해주시던 오 할머니의 목소리가 마음에 남았다. 봉사활동 첫날. 상담일지엔 이런 기록을 남겼다.

오○○, 90세.
청력이 좋지 않으셔서 대화의 절반 이상을 알아듣지 못하시지만, 밝은 목소리로 대화를 이어가려고 노력하십니다.

보다 긴 대화를 나누는 방법을 고민해봐야겠어요. 오전엔 병원에서 소화제를 타오셨고, 점심으로 늘 먹는 시락국 드셨다고 해요.

다행히 첫 통화에서 겪은 어색함과 당혹감은 여러 차례 통화를 거듭하면서 자연스럽게 사라졌다. 서로의 목소리가 익숙해진 데다 대화가 쌓이며 함께 아는 이야깃거리가 생겨난 덕분이다. 만난 적 없는 사람과 이런 방식으로 관계를 맺는 일은 내게도 신기한 경험이었다. 지난주에 전기장판 위에 까는 얇은 이불이 필요하다고 하셨던 김 할아버지에겐 좋은 이불을 사셨는지, 전기장판은 따뜻한지 묻고. 날씨가 추워지면 심장 통증이 더 심해진다는 정 할아버지의 말씀을 기억해 유난히 추운 날엔 심장은 어떠신지부터 묻는다. 임영웅 노래가 삶의 희망이라고 말씀하시는 박 할머니에겐 종종 좋아하는 노래 한 소절을 불러달라고 부탁한다. 그러면 박 할머니는 대개 〈사랑은 늘 도망가〉를 불러주신다.

그 사이 오 할머니와 대화하는 요령도 터득했다. 문장이 아닌 최대한 짧은 음절의 단어로 또박또박 말하는 것이다. 예를 들면 "식사하셨어요?"라고 묻지 않고 "밥!"이라고 다소 버릇없이 소리친다. 그러면 할머니도 우스운지 하하 웃으시고는,

"으응. 밥 먹었지. 시락국에 밥 말아 먹었지"라고 대답하신다. 다른 질문들도 마찬가지. "병원!(병원 다녀오셨어요?)", "추워(집이 춥지는 않으세요?)!", "테레비!(텔레비전 뭐 보고 계세요?)"라고 수화기에 외친다. 복지관에서 나보다 큰 목소리를 내는 사람이 또 있을까. 콘서트장에서도 함성을 지르는 일을 쑥스러워하는 나는, 전화를 끊고 나면 주변이 너무 조용해 머쓱해진다. 그래도 한 마디라도 더 나눈 날엔 뿌듯함에 부끄러움을 잊는다.

'독거노인 안부 묻기' 봉사활동을 시작하게 된 건, 오랜 시간 알고 지낸 여든넷 미애님 덕분이다. 1년 전, 그녀는 나와 커피를 마시는 자리에서 요즘 자신이 하고 있다는 봉사활동 이야기를 들려주었다. 전화로 안부를 묻는 봉사활동이 있다는 점도 새로웠지만, 내겐 미애님이 그 일을 시작하게 된 이유가 더 흥미롭게 다가왔다. 이유는 이러했다. 몇 해 전, 미애님은 다리를 크게 다쳐 한동안 집에서 누워 지냈다. 뼈가 부러진 터라 통증을 견디는 일도 고통스러웠지만, 그보다 더 힘든 건 혼자 있는 외로움과 지루함이었다. 친구도, 자식들도 오지 않는 날엔 하루하루가 너무 길어 형벌을 받는 기분이었다. 그래서 그때는 누군가가 걸어주는 안부 전화가 한 줄기 빛처럼 느껴졌다고 했다. 사는 동안 다시는 이런 외로움을 느끼고 싶지 않다고 생각한 미애님은, 목발을 짚고 외출할 수 있게 되자 복지관부터 찾아갔다. 혼자 사는 노인과 장애인에게 전화로 안부를 묻는 봉사활동이 있다는 소식을 들었기 때문이다. '그 사람들 외로운 건 내가 너무 잘 알지'라는 마음으로 미애님은 일주일에 한 번씩, 잊지 않고 안부 전화를 걸었다. 몸이 불편해 혼자서는 외출하지 못하는 이에겐 바깥 날씨를 세세하게 알려주고, 장날이라 시장에 다녀왔다는 이에겐 오늘 저녁엔 무얼 만들어 먹을 건지 시시콜콜 물어보려고. 그런 마음으로 하는 일이라면 나도 따라 해보고 싶었다.

그렇게 봉사활동을 시작한 지 얼마 지나지 않아, 나의 여든 살 친구 윤자님에게 이런 질문을 한 적이 있다.

"일주일에 한 번, 전화로 짧은 대화를 나누는 일이 그분들에게 어떤 의미가 있을까요?"

윤자님은 살짝 웃으며, 그러나 진지한 목소리로 대답을 들려주었다.

"작가님은 아직 모를 거예요. 아무도 나를 궁금해하지 않고, 아무도 내게 말을 걸지 않는 하루가 어떤 건지. 그분들에겐 어쩌면 작가님과 나누는 통화가 하루의 유일한 대화일지도 몰라요. 오늘 아침엔 무얼 먹었고, 지금은 무얼 하는지, 오늘 하루 기분은 어떤지, 그런 사소한 이야기들을 누구와 나눌 수 있겠어요? 그러니까 무슨 말이든 즐겁게 나눠주세요."

윤자님의 말을 듣고 난 뒤, 불현듯 앞선 봉사자들이 상담일지에 남겨놓은 통화 기록들이 떠올랐다. 요일마다 다른 필체로 적힌 짧은 메모들 속엔, 한 사람의 작고 평범한 생활의 면면이 담겨 있었다.

○ 계속 식사를 잘 못 하시더니, 오늘은 옆집에서 오리불고기를 갖다준 덕분에 점심을 맛있게 드셨다네요. 오랜만에 기분이 좋아 보이셨습니다.

○ 요즘 부쩍 불면증이 심해져 '머리맡에 양파 두기', '잠들기 전 따뜻한 우유 마시기' 등 여러 방법을 시도해보았는데 효과가 미미하다며 걱정이 많으시네요.

○ 어시장에서 새로운 겨울 운동화를 구입. 밑창이 튼튼해서 좋다고 마음에 들어 하셨습니다.

○ 평소엔 말수가 거의 없으시더니 오늘은 창문 가까이에 누워 빗소리를 듣고 계신다고 말씀해주시네요. 비 내리는 날을 좋아하신다고 합니다.

○ 치매 예방에 좋다는 말에 뜨개질을 시작하셨대요. 지금은 분홍색 목도리를 뜨고 계신답니다.

○ 오늘은 기분이 좋으신지 제가 묻기도 전에 둘째 고양이

이름을 알려주셨어요. 이름은 꿍꿍이래요.

◦ 〈도시의 수호자〉라는 프로그램를 좋아하신다기에 이유를 물으니 나쁜 악당을 대신 처단해주면 속이 시원하시답니다. 저도 찾아보겠다고 말씀드리니 좋아하셨습니다.

그 기록을 다시 찾아 읽으며 생각했다. 윤자님의 말처럼, 사람들에겐 결국 이런 작은 이야기를 나눌 누군가가 필요한 것 같다고. 너무 사소해서, 나를 궁금해하는 사람이 있어야만 비로소 꺼낼 수 있는 이야기들. 오늘 처음 가본 동네 식당에서 먹은 쌀국수가 너무 맛있었다거나. 버스를 타고 나서야 양말을 짝짝이로 신고 나온 걸 알게 됐다거나. 자주 가는 카페에서 시즌 메뉴로 단팥죽을 개시했다거나. 저녁 바람이 유난히 좋아 일부러 먼 길을 돌아갔다거나. 이런 사소한 일상을 가까운 이들과 스스럼없이 나눌 때, 사실 내가 나누고 싶은 건 이렇게 '살아가고 있는 나'라는 걸 느낀다. 혼자서만 나의 살아 있음을 헤아리기엔 삶은 너무 크고 헐거운 것이기 때문이다. 그렇다면 일주일에 한 번 우리가 나누는 짧은 대화도, 그들이 보내는 긴 하루 속에 자잘한 기쁨 하나쯤은 되어줄 수 있을 것이다.

얼마 전. 오 할머니와 통화를 하다가 불쑥 고마움을 표현하고 싶다는 마음이 들었다. 매번 밝은 목소리로 전화를 받아주신 덕분에 내가 하는 일이 무의미하지 않다고 느낄 수 있었기 때문이다. 언제나처럼 '밥! 병원! 테레비!'로 대화를 이어가다가 평소보다 더 큰 목소리로 외쳤다.

"할머니, 웃음소리가 좋아요!"

"으응?"

역시나 한 번에 닿지 않지만, 그래도 다시 한번.

"할머니, 웃음소리가 좋아요!"

"…아이고, 어떡해. 내가 못 알아듣겠네."

할머니 목소리에서 민망함이 느껴져, 결국 나는 더 짧은 말로 다시 전했다.

"할머니! 좋아요!"

그러고는 내가 있는 곳에도, 수화기 너머에도 잠시 흐르는 정적. 아마도 오 할머니는 조금 전 내가 한 말을 헤아려보고 계신 듯했다. 잠시 후 할머니의 명랑한 목소리가 들려왔다.

"으응. 걱정 마요. 나는 잘 지내요."

예상치 못한 대답에 웃음이 터졌다. "좋아요"라는 말이 어째서 "잘 지내시냐"는 뜻으로 전해졌을까. 내가 웃으니 오 할머니도 따라 웃으셨다. 다행히 웃음소리는 여기에서 그곳으로 온전히 전해지니까. 이날은 상담일지에 이렇게 적었다.

오○○, 90세.

호흡이 가쁘게 들려 무슨 일이 있으신지 여쭈었더니, 벨소리는 울리는데 전화기가 보이지 않아 마음이 급하셨대요. 끊어지기 전에 받아서 정말 다행이라고 하셨어요. 한 번에 못 받으셔도 또 전화드릴 테니 걱정 마시라고 말씀드렸습니다. 오늘도 통화 내내 웃고 계셔서 안심이 됐습니다. 그리고 김장 김치가 필요하다고 하셨어요!

또 한 번의 수요일. 이제는 익숙해진 전화번호를 누르기 전, 목부터 먼저 가다듬는다. 오늘도 복지관에서 가장 큰 소리를 내는 사람이 되어야 하니까. 요 며칠 깜짝 놀랄 만큼 추웠는데 다들 잘 지내고 계셨는지, 감기 기운은 없으신지부터 여쭤봐야지. 물 한 모금 마시고, 첫 번째 순서인 윤 할머니에게 전화를 건다. 가본 적 없는 집 안에서 울리는 전화벨 소리를 상상해본다. 얼마 지나지 않아 통화연결음이 멈추고, 나는 씩씩하게 인사를 건넨다.

"여보세요? 할머니 저예요! 한 주 동안 잘 지내셨어요?"

✧ 독일 베를린은 노년기의 고립 문제를 해결하고자 2019년 '실버 네츠 silver netz—그냥 한번 대화합시다' 서비스를 시작했다. 이는 영국의 성공적인 프로젝트 '더 실버 라인The silver line'을 벤치마킹한 것으로, 외로움을 느끼는 노인은 실버 네츠 대표번호로 24시간 무료로 전화를 걸어 상담원과 다양한 주제로 대화를 나눌 수 있다. 이후 요청에 따라 '실버 네츠 친구'를 소개하여 정기적인 통화와 우정을 나눌 수 있도록 지원한다. 2018년 시범 운영 결과 발신자의 78퍼센트는 독거노인이었으며, 대부분의 발신자(88퍼센트)는 단순 대화를 목적으로 전화를 걸었다고 한다.[8]

✧ 국내 대부분의 복지관에서 '독거노인 안부 묻기' 봉사활동을 진행하고 있으니 관심이 있다면 가까운 복지관으로 문의해보자.

이곳은 어떤가요

 노년의 삶을 글로 담아보겠다고 결심한 뒤 처음으로 직면한 문제는, 내게 친밀한 노인이 없다는 사실이었다. 나를 길러준 할머니, 할아버지는 여든셋을 넘기지 못하고 세상을 떠났고, 곁에 있는 이들은 아직 늙음과는 거리가 멀어 보였다. 일상에서 자연스러운 만남을 기대하기엔, 내가 주로 머무는 장소들에선 그들의 모습을 좀처럼 볼 수 없었다. 나는 작업 노트를 펼쳐 새해 다짐을 쓰듯 적었다.

 '노인이 있는 곳으로 가자.'

 가장 먼저 떠오른 장소는 경로당, 복지관, 요양원 같은 노인

복지시설이었다. 노인이 아닌 내가 그곳을 방문할 수 있는 가장 현실적인 방법은 봉사활동이었다. 자원봉사 모집사이트에 틈틈이 접속해 갈 수 있는 기관들을 살펴보았고, 그렇게 찾은 곳 중 하나가 'ㄱ주간보호센터'였다. 요양원이 노인들이 24시간 상주하며 생활하는 공간이라면, 주간보호센터는 낮 동안만 머물며 돌봄과 프로그램을 이용하는 곳이다. 특히 'ㄱ주간보호센터'는 생활 인구가 많은 동네 한가운데 자리 잡고 있다는 점이 마음에 들었다.

추석을 앞둔 어느 가을 아침, 'ㄱ주간보호센터'의 문을 열고 들어섰을 때, 가장 먼저 눈에 들어온 것은 커다란 창이었다. 한쪽 벽면을 따라 유리창이 길게 이어져 있어 실내가 고르게 밝았고, 덕분에 바깥과 같은 시간이 이 안에서도 흐르고 있다는 느낌이 들었다. 그즈음 방문했던 한 요양원은 창이 작고 커튼이 드리워져 있어 대낮에도 충분히 환하지 않았다. 형광등 불빛 아래 반나절을 머무는 동안, 나는 자연스레 바깥 날씨와 멀어지는 일, 시간이 흐르는 감각에서 멀어지는 일에 대해 생각했다. 코로나 종식 전, 요양원에서 마지막 몇 달을 보낸 할머니를 떠올릴 때도 나는 자주 '창'을 그려보곤 했다. 할머니의 침대 가까이에 투명하고 커다란 창이 있기를 바랐다. 비가 오는 날엔 할머니에게도 비가 내리고, 햇빛 좋은 날엔 그 빛이 할머니의 얼굴에도 닿기를. 그렇게라도 세상과 완전히 멀어지지 않기를 바랐다.

아침 9시. 주간보호센터의 하루가 시작됐다. 센터 차량에서 내린 노인들이 하나둘 복도에 모습을 드러내자, 요양보호사와 직원들이 문 앞에 나와 그들을 맞이했다. 웃는 얼굴로 손을 흔들고, 한 명 한 명의 이름을 부르며, 가볍게 포옹하는 모습에 작게 마음이 일렁였다. 지금껏 이토록 노인을 따뜻하게 반겨주는 장면을 본 적이 있었던가, 하는 생각에. 내가 만난 많은 노인들은 "갈 곳이 없다"라는 말을 했다. 그 '갈 곳'은 물리적인 장소를 뜻하기도 했지만, 그들의 존재를 환영하는 장소가 없다는 의미이기도 했다.

거동이 불편해 부축을 받으며 들어선 한 할아버지는 요양보호사와 인사를 나누며, 주말에 벌초를 다녀왔다고 말했다. 어쩌나 힘들었는지, 다시는 여기에 못 올 뻔했다며 너스레를 떨었다. 그러자 보호사가 장난기 섞인 목소리로 말했다.

"이참에 머리도 같이 벌초하셨네요? 잘생긴 얼굴 보여주려고 오셨구나."

그 말에 두 사람은 함께 웃었다. 서로를 기억하고, 반가워하는 사이에서만 나눌 수 있는 농담. 그 짧은 환대의 순간이 깊은 인상을 남겼다.

'ㄱ주간보호센터'는 인근 동네에 거주하는 40여 명의 노인이 이용한다. 일상생활에 부분적인 도움이 필요한 경증 노인이 주 대상이지만, 그들 사이에도 질병의 종류와 증상의 정도는 다양하다. 여기에 각자의 성향까지 더해지며, 노인들은 자연스레 몇 개의 무리로 나뉘어 각자의 시간을 보내고 있었다. 입구와 가까운 큰 테이블에는 멍하니 앉아 있거나 꾸벅꾸벅 조는 이들이 모여 있었고, 창가 테이블에는 책을 읽거나 그림을 그리는 이들이 자리를 잡고 있었다. 또 다른 쪽에서는 물리치료와 재활치료 순서를 기다리며 이야기를 나누는 이들도 있었다. 인지저하증을 겪는 몇몇은 이곳저곳을 거닐며 말을 걸거나, 무언가에 참견을 하기도 했다. 그리고 어디에도 속하지 않은 두 할머니는 나란히 앉아, 손을 꼭 잡고 있었다.

그중 한 테이블에 가서 조심스레 앉았다. 할머니 세 분이 색연필로 그림을 그리고 있었다. 백설기처럼 하얀 파마머리를 한 할머니가 내게 어디에서 왔느냐고 물었다. 동네 이름을 알려드리며 되묻자, 할머니는 이렇게 말했다.

"지금 사는 데? 아니면 내가 살던 데?"

다른 할머니들도 마찬가지였다. 지금 머무는 곳과 '내가 살던 곳'은 달랐다. 돌봄이 필요해진 몇 해 사이, 자식의 집으로 거처를 옮긴 것이다.

백설기 할머니가 먼저 고향 이야기를 꺼냈다. 집 뒤에 큰 산이 하나 있는데, 봄이면 꽃이 흐드러지게 피어서 산이 비좁아지는 곳이라고 했다. 또 다른 분은 물이 맑아 인삼이 잘 자라는 마을에서 왔다고 했다. 그곳은 바람에도 쌉싸래한 냄새가 섞여 있었다고. 마지막으로 한 분은 수박 농사가 잘되는 동네에서 살았다고 했다. 철이 되면 수박을 밭떼기로 팔았는데, 그것만큼 좋은 고생이 없었다며. 그들의 이야기를 들으며 생각했다. 언젠가 나의 할머니도 처음 보는 누군가에게 '내가 살던 곳'을 이야기한 적이 있었을까. 있었다면, 어떤 곳이라 말했을까. 그저 그 사람이 잘 들어주었기를 바랄 뿐이다.

 테이블을 떠나 입구 쪽에 놓인 보행 기구를 알코올 솜으로 닦고 있을 때, 누군가가 나를 부르는 목소리가 들렸다. 도착하자마자 신문을 펼쳐 읽으시곤, 금세 엎드려 잠이 든 할머니였다. 손짓하는 그분에게 다가서자, 기다렸다는 듯 하나의 이야기가 시작됐다.

 "나는 젊을 때 선생님을 했어요."

 노인들과 시간을 보내다 보면, 처음 보는 나에게 대뜸 자신이 살아온 인생을 들려주는 일을 자주 겪게 된다. 왜 그럴까 의아했던 적도 있었지만, 여러 만남을 거듭하며 그들이 느끼는 외로움을 어렴풋이 짐작하게 됐다. 자신이 어떤 삶을 살아왔는지 기억하는 이들은 대부분 떠나가고, 먼저 말하지 않으면 아무도 궁금해하지 않는 존재로 살아가는 외로움을. 내가 옆에 서서 고개를 끄덕이자, 신문 할머니는 이야기를 이어갔다.

"초등학교에서 아이들을 가르쳤어요. 내 나이가 구십셋인데, 그 시절엔 나처럼 선생님을 하는 여자가 드물었죠. 우리 아버지가 나를 예뻐해서 영어 공부하라고 외국도 보내줬어요. 나보고 매일 영어로 말을 해보라고 했죠. 지금도 나는 영어로 된 신문을 읽어요."

할머니의 눈빛에서 아주 오래전에 지나가버린, 오직 자신만이 볼 수 있는 젊은 날을 떠올리는 아득함이 느껴졌다. 그리고 왜인지, 이야기는 다시 처음으로 되돌아갔다.

"나는 젊을 때 선생님을 했어요. 초등학교에서 아이들을 가르쳤지요."

그 순간, 눈이 마주친 보호사 한 분이 입 모양으로 말했다.

"계속 들어주세요. 그럼 돼요."

할머니의 이야기를 듣던 중, 센터 안이 갑자기 시끌벅적해졌다. 점심 식사 전 체조와 미술 프로그램이 곧 시작된다고 했다. 학교처럼 이곳도 정해진 시간표에 따라 하루가 흘러간다. 목소리가 크고 유쾌한 레크리에이션 강사를 따라 체조하고, 미술 선생님이 준비한 수수깡을 재료로 옥수수를 함께 만들었다. 조금 유치하게 느껴질 수 있지만, 손을 섬세하게 움직이기엔 좋은 활동이었다. 가장 분주한 시간은 점심시간이었다. 갓 지은 밥과 콩나물국에서 뜨거운 김이 모락모락 피어올랐다. 각자 선호하는 반찬을 추가로 챙겨드리고, 혼자 식사가 어려운 분들 곁에서는 식사를 도왔다. 그중 나란히 앉은 두 할머니와 눈이 마주쳐 함께 웃는 사이, 문득 깨달았다. 이곳에서는 마음이 무겁게 가라앉는 일이 없었다는 사실을.

그동안 할머니 할아버지가 머물렀던 요양시설을 비롯해, 여러 곳에서 봉사를 하며 마음이 어두워지는 장면들을 여럿 마주한 적이 있었다. 특히 직전에 다녀온 요양원은 입소 노인의 삶의 질을 시스템이나 환경 개선이 아닌 요양보호사 개인의 도덕심에 많은 부분을 기대고 있다는 인상을 받았다. 그래서 이용자들을 세심하게 돌보려는 이곳의 노력이 더 마음에 남았다.

그러니까, 이런 점들이 좋았다. 이용자들에게 '어르신'이라는 호칭 대신 이름을 기억해 불러주는 것. 그들과 함께 보낸 시간을 헤아리며 나누는 대화와 농담. 부드럽게 씹을 수 있는 반찬으로 식사를 준비하고, 많이 먹어야 건강해진다는 말로 다 먹기를 강요하지 않는 태도. 식사를 느리게 마치는 노인을 재촉하지 않고, 각자의 수저와 컵을 사용할 수 있게 챙겨주는 세

심함. 자리에서 일어나는 노인을 서둘러 부축하려는 내게 "그 정도는 혼자 하실 수 있게 지켜봐주세요"라고 부드럽게 당부하던 말. 그리고 한 노인이 화장실에서 나오자 "물 내리는 걸 깜빡하셨어요" 하고 귓속말로 일러주던 순간까지. 사소한 일처럼 보이는 모든 장면 속에서 분명한 존중이 느껴졌다.

그리고 또 한 장면. 아마도 파킨슨병을 앓고 있는 듯, 몸 전체가 떨리는 한 할아버지가 있었다. 가만히 있을 때조차 잔떨림이 멈추지 않았고, 그는 누구와 대화를 나누지도, 크게 움직이지도 않은 채 자리에 조용히 앉아 있었다. 그런 할아버지에게 사회복지사가 다가가 물리치료를 가자며 손을 내밀었다. 할아버지는 그 손을 잡고 천천히 자리에서 일어났다. 의자를 짚은 팔이 떨려 혹시 넘어지진 않을까 나도 모르게 눈길이 머물렀다.

이 상황이 익숙한 듯, 복지사는 할아버지가 잘 걸을 수 있도록 마주 선 채 두 손을 맞잡았다. 그러곤 복지사가 한 발 뒤로 물러나면, 할아버지도 한 발 앞으로 나아가며 걸음을 옮겼다. 그렇게 천천히 걷는 와중에도 갑작스레 호흡이 가빠진 할아버지에게 복지사가 걸음을 멈추며 말했다.

"종찬님. 숨을 짧게 쉬면 호흡이 더 힘들어요. 자, 저를 따라서 크게 숨 쉬어볼게요."

복지사는 할아버지와 눈을 맞추며 크게 숨을 들이마신 뒤, '후—' 하고 길게 내쉬었다. 그를 따라 할아버지도 깊게 숨을 들이마시고 다시 내쉬며 발걸음을 옮겼다. 그렇게 몇 번을 반복하던 중, 복지사가 장난스러운 표정으로 일부러 더 크게 숨을 들이마셨고 그런 그녀를 바라보던 할아버지의 웃음이 터졌다. 지켜보던 나도 깜짝 놀랄 만큼 큰 웃음이었다. 웃는 동안 할아버지의 몸이 더 크게 흔들렸다. 한동안 그 모습이 머릿속을 떠나지 않았다. 자신의 몸 때문에 움츠려 있던 한 사람이, 그 몸을 잊은 채로 웃던 한 순간이.

 사실 이곳으로 봉사활동을 온 데에는 다른 이유가 있었다. 'ㄱ주간보호센터'가 있는 건물에는 같은 재단에서 운영하는 요양병원과 요양원이 함께 있었다. 주간보호센터에서 지내기 어려운 상황이 되면, 같은 건물 안의 요양병원이나 요양원에서 돌봄을 이어갈 수 있다고 했다. 몇 해 전, 나는 그 요양병원에 전화를 걸었던 적이 있었다. 할머니 할아버지의 병원을 옮기고 싶어서였다. 병원비는 조금 더 비쌌지만, 환경과 서비스가 좋다는 사람들의 추천에 큰마음을 먹고 전화를 걸었다. 무엇보다 그 병원이 지향하는 철학이 마음에 들었다. 가능한 한 노인의 잔존 능력을 보존하고, 그들이 살던 곳으로 돌아가는 일을 최우선으로 여기는 곳이라 했다. 전화를 받은 담당 직원은 모든 병실이 차 있어 대기해야 한다고 말했다. 자리가 나면 예약 순서대로 입원할 수 있다고. 빈 침대가 생긴다는 건 환자의 상태가 호전되어 퇴원하는 경우도 있지만, 요양병원에서는 대개 그러지 못하다는 걸 알고 있었다. 그 의미를 알면서도 기다리겠다고 했다. 자리가 나면 꼭 전화해달라고. 그러나 여러 이유로, 그 병원은 결국 이용하지 못했다.

그래서 한 번쯤 이곳에 와보고 싶었다. 주간보호센터와 요양시설은 운영 방식도, 일상의 풍경도 다르지만 노인의 삶을 대하는 철학만큼은 닮아 있을 거라고 생각했다. 인제 와 할머니 할아버지를 위해 할 수 있는 일은 없지만, 직접 경험해본 뒤에 그때 여기를 선택했다면 어땠을까 상상해보고 싶었다. 무엇이 달라졌을까. 어떤 점이 더 나아질 수 있었을까. 그와 동시에 이렇게 되짚어보는 일이 지금의 나에게 어떤 의미를 갖는지도 조용히 헤아려보는 중이다. 돌이킬 수 없다는 선명한 자책도, 나아가고 싶다는 희미한 희망도 모두 내 안에 있다. 이제 나는, 나와 함께 나이 들어갈 이들에게 더 나은 선택지를 보여주는 사람이 되고 싶다. 가장 보여주고 싶은 사람들은 이미 내 곁을 떠났다고 하더라도.

그날 오후. 봉사활동을 마치고 집으로 돌아가는 길이었다. 하루를 복기하다가, 복지사의 손을 따라 숨을 고르다 끝내 웃음이 터졌던 종찬님의 모습이 떠올랐다. 목격한 순간엔 그저 다정한 장면이라 여겼는데, 다시 떠올렸을 땐 나도 모르게 눈물이 나 걸음을 멈췄다. 그 웃음에서 할아버지가 떠올랐기 때문이었다. 결국엔 생의 마지막 날들을 요양원에서 보냈던 나의 할아버지도 누군가의 친절에 그렇게 웃은 순간이 있었을까.

부디, 있었기를.

어쩌면 그 장면이야말로 내가 가장 보고 싶었던 모습이었는지도 모르겠다.

> 말#5

못 봤으면 어쩔 뻔했어

벚꽃이 한창 핀 3월 말. 호수 공원을 산책하던 중, 앞서 걷는 자원봉사자 몇몇이 눈에 띄었다. 그들은 어느 요양원 이름이 적힌 노란 조끼를 입고 천천히 휠체어를 밀고 있었다. 입소 노인분들을 모시고 꽃구경을 나온 모양이었다. 걷다 보니 어느새 그들 곁에 서게 되었고, 나도 따라 걷는 속도를 늦추며 벚꽃을 구경하는 할머니들의 얼굴을 보았다. 그중 고개를 뒤로 젖힌 채 눈을 떼지 못하는 한 할머니가 있었다. 꼭 우리 할머니 같다는 생각에 시선이 머물렀다. 자원봉사자에게 눈인사로 양해를 구하고 할머니 곁에 다가가 말을 걸었다.

"꽃 보러 나오셨나 봐요."

그러자 나와 눈이 마주친 할머니가 말했다.

"네. 우리 선생님들 덕분에 올봄에도 꽃을 보네요. 아침에 몸이 아파서 방에서 쉴까 했는데, 이걸 못 봤으면 어쩔 뻔했어. 어쩔 뻔했어…."

우리가 만난 이유

"어머니 저 왔습니더."

평일 오전 9시. 명제님이 익숙하게 1208호 현관문을 열고 들어섰다. 현관에서 들려오는 기척에 설거지를 하던 현애 할머니가 티셔츠에 대충 손을 닦으며 거실로 나오셨다.

"응. 왔나."

명제님을 맞아주는 목소리에서 친밀함이 묻어났다. 처음 보는 내게도 밝게 웃어주셔서 긴장했던 마음이 한결 누그러졌다. 신발을 벗고 쭈뼛거리자 현애 할머니는 편하게 여기 앉으라며 거실에 깔아둔 요를 가리켰다. 소파에 등을 기댈 수 있고 텔레비전이 정면으로 보이는 자리. 아마도 이 집에서 가장 따뜻한 자리일 것이다. 할머니 먼저 앉으시라 해도 손사래를 치셔서, 하하 웃고는 외투를 벗고 앉았다. 그동안 만난 할머니들은 꼭 자신이 앉던 자리를 낯선 손님인 내게 내어주곤 했다. 추운 날엔 이불 속에 발이라도 쏙 넣게 했다. 이후에 이어지는 일들도 비슷하다. 바쁜 걸음으로 주방으로 가 과일이며 떡이며 먹을 것들을 쟁반에 담기. 어차피 배가 부르다고 해도 통하지 않기 때문에 잠자코 기다렸다가 맛있게 먹는 편이 낫다. 현애 할머니도 마찬가지였다. 거실에 앉아 어색하게 기다리는 동안 주방에서 찬장 여닫는 소리, 커피포트에 물을 담는 소리가 들려왔다. 그러다 "이거 와 이라노?" 하는 할머니의 당황한 목소리에 명제님이 가뿐하게 일어나 주방으로 다가갔다. 다행히 고장 난 건 아니었는지, 이내 커피포트에서 파르르 물이 끓는 소리가 들렸다.

"이 물도 어머니가 직접 떠왔어예?"

"아이다. 이젠 힘들어가 수돗물 끓여 먹는다."

"커피는 이거 타면 되지예?"

"오야. 그거 타면 된다."

할머니의 대답을 들으며 명제님이 찬장에서 익숙하게 커피 스틱을 꺼냈다. 싱크대 선반에서 컵을 꺼내는 동작도 자연스러웠다. 언뜻 보면 가족이나 가까운 이웃처럼 보일 수도 있지만, 명제님은 일주일에 한 번 현애 할머니 집을 방문하는 생활지원사다.

生활지원사라는 직업이 있다는 건, 노인분들과 대화를 나누면서 자연스럽게 알게 되었다. 주기적으로 집에 방문해 말벗이 되어주고 공부도 가르쳐주고 가끔 병원도 동행한다는 존재. 처음엔 재가방문 요양보호사를 뜻하는 줄 알았지만, 한 할머니 덕분에 그들이 '생활지원사'(정확한 명칭은 '노인맞춤돌봄생활지원사')라는 걸 알게 되었다. 이들은 정부가 2020년부터 실시한 노인맞춤돌봄서비스 수행 인력으로 일상생활이 취약한 노인들에게 안전지원, 사회참여, 생활교육, 일상생활 지원 서비스 제공을 주요 목적으로 한다. 하지만 이러한 사전적 정의로는 생활지원사가 하는 일을 충분히 보여주지 못한다. 맞춤돌봄서비스라는 이름에서 알 수 있듯, 이들의 역할은 돌봄 노인의 상황과 필요에 따라 조금씩 달라진다. 특히 대상자의 집에서 일대일로 이루어지는 돌봄이라는 점에서, 생활지원사의 활동은 본질적으로 관계 중심적이다. 그들과 돌봄을 받는 노인 사이에는 공적인 언어로는 다 담아낼 수 없는 사적인 접촉면이 존재한다. 그동안 여러 노년의 삶을 들여다보며, 그들 곁에 머무는 요양보호사와 생활지원사의 존재를 자주 목격했다. 그럴 때마다 안심이 되면서도 한편으로는 궁금해졌다. 언젠가 나 역시 돌봄이 필요한 나이가 되었을 때, 낯선 타인의 손길에 기대게 될까. 노년의 삶에 스며든 타인의 존재는 과연 어떤 의미가 될 수 있을까. 아마도 그 질문이 내가 명제님에게 다가가게 된 마음의 시작이었을 것이다.

명제님이 '생활지원사'라는 존재를 처음 알게 된 건, 몇 해 전 타지에 홀로 계신 아버지를 위한 돌봄 서비스를 알아보던 때였다. 생소한 이름이었지만, 정부에서 시행하는 정책인 데다 주기적으로 아버지 집에 방문해 안부를 묻는 사람이 있다면 한결 마음이 놓일 것 같았다. 하지만 깔끔한 성격의 아버지는 그 제안을 선뜻 받아들이지 않았다. 낯선 사람에게 아픈 몸과 누추한 살림을 드러내고 싶지 않다는 이유였다. 그런 아버지에게 명제님은 딱 한 달만 해보자며 권유했다. 처음엔 마지못해 딸의 말을 들어준 듯했던 아버지는, 오래지 않아 생활지원사가 집에 오는 날을 기다리는 사람이 되었다.

"처음엔 그분이 집에 오시면, 우리 아버지가 믹스커피를 딱 타서 드렸대요. 커피 한잔 마시고 얼른 가라고 그러셨던 거죠.

그래도 그분이 계속 웃는 얼굴로 찾아오고, 말을 걸어주고 하니까 어느새 아버지도 마음을 여셨던가 봐요. 어느 날부터는 그분이 오시는 시간에 맞춰 종이컵이랑 커피 스틱을 꺼내두셨대요. 이젠 당신 드시고 싶을 때 편하게 드시라는 뜻인 거죠. 그분은 블랙커피를 좋아하셨다는데 우리 아버지는 커피는 믹스커피밖에 몰랐으니까, 나름대로는 마음을 표현하신 거예요. 어느 날엔 전화로 생활지원사님과 같이 이불을 털었다고 말씀하신 적이 있어요. 예전에는 혼자서도 이불을 잘 털고 하셨는데 기력이 없으니 자주 못 하셨거든요. 그런데 옆에서 거들어주는 사람이 생기니까 아버지한테는 그게 참 좋으셨던 모양이에요. 별거 아닌 거 같아도 그분이 아니면 누가 혼자 사는 노인 집에 가서 이불을 털어주겠어요."

생활지원사가 다녀간 날엔 전화로 듣는 아버지 목소리에 작은 활력이 묻어났다. 장기간 병원 입원으로 서비스를 종료하던 때는 어찌나 서운해하시는지, 아버지가 그분께 많은 의지를 하셨던 것 같다고, 명제님은 회상했다. 그로부터 3개월 후 아버지가 돌아가셨으니 생활지원사는 아버지가 마지막으로 마음을 나눈 타인이 되었다. 그 만남이 아버지 삶에 어떤 의미였을지 명제님은 지금도 생각한다. 보호자로서 생활지원사에게 느꼈던 고마움은 명제님이 앞으로 할 일과 자리도 바꾸어놓았다.

아버지를 떠나보낸 후 생활지원사가 된 그녀는, 4년째 아버지 또래 노인들의 집을 방문하며 그들의 일상을 돌보고 있다. 순수하게 자신을 반기는 노인들의 얼굴에서 아버지가 느꼈을 반가움을 짐작해보면서.

명제님은 2025년 현재 ○○동에 거주하는 열여섯 가구를 담당한다. 새해가 되면서 3년 동안 근무했던 동네를 떠나 지금 동네로 오게 되었다. 근무지를 옮기기 전 마지막 인사를 하는 명제님 앞에서 몇몇 분들은 아쉬움에 눈물을 흘렸다. 표면적으로는 단순한 '서비스 종료'였지만, 마음을 나눈 이들에게는 하나의 관계가 끝나는 일이었으므로. 다신 보지 못할 이들이 빌어주는 안녕과 행복 속에서 명제님은 자신이 하는 일이 얼마나 마음과 붙어 있는지 새삼 실감했다. 여러 번 겪어도 매번 어려운 것이 이별이라면, 새로운 대상자를 만나는 일도 언제나 그녀를 긴장하게 한다. 돌봄을 받는 어르신이 어떤 성향의 사람인지, 어떤 취약점을 지녔는지에 따라 친밀함을 쌓아가는 방식도 조금씩 달라지기 때문이다. 새 학년이 되어 교실에서 처음 만난 아이들과 어떻게 친해지면 좋을지 궁리하는 마음과 비슷하다. 그래서 그녀는 눈 밝은 관찰자가 되어 어르신의 생활과 행동을 유심히 엿본다. 상대를 향한 호의와 신뢰가 바탕이 될 때, 서로에게 가장 좋은 돌봄이 가능해지기 때문이다.

"처음부터 저를 반갑게 맞아주시는 분도 있지만, 대부분은 낯설어하세요. 집 안에 모르는 사람이 있는 걸 불편해하시는 분들도 많고요. 어느 어르신은 자녀분이 신청하신 덕분에 제가 방문하게 됐는데, 뭐든지 다 귀찮아하셨어요. 대화도 별로 좋아하지 않으시고, 같이 그림을 그려보자 해도 싫다고 하시고. 관심을 끌어보려고 교재를 펼치고 '이 그림은 어떤 그림 같으세요?' 하고 여쭤봐도, 그런 걸 왜 자꾸 묻느냐고 타박을 하셨죠. 참 난감했어요."

"그럼 어떻게 하셨어요?"

"하루는 어르신 보는 앞에서 그냥 제가 그림을 그렸어요. 말씀도 하기 싫고 아무것도 하기 싫으시면 그냥 제가 뭘 하나 구경이라도 하시라고···. 저로선 더 방법이 없었거든요. 반쯤은 포기한 마음으로 조용히 그림을 그리고 있는데, 언제부터 저를 보고 계셨는지 어르신이 딱 한 마디를 하셨어요."

"뭐라고요?"

"코끼리네."

"아···."

"제가 그때 코끼리를 그리고 있었거든요. 그게 저에게 처음 관심을 표현한 말씀이셨죠. 그 말씀에 용기를 얻어서 '그럼 코끼리 이름은 뭐라고 지으면 좋을까요?'라고 여쭤봤어요. 그랬더니 이번에는 귀찮다고 안 하시고 '무슨 코끼리로 해라'라고 알려주시더라고요. 사람 마음이 이렇게도 열리는구나 싶었어요. 그 다음부터는 제가 그림을 그리고 있으면 '색을 잘 칠했네', '보기보다 그림을 잘 그리네' 칭찬을 하시더니 언제부터는 옆에 앉아서 본인 살아오신 이야기를 들려주셨어요. 한석봉과 그 엄마처럼 저는 그림을 그리고 어르신은 이야기를 하시고. 그렇게 같이 시간을 보냈죠. 처음엔 저더러 오지 말라고 하셨던 분인데, 지금은 저에게 가장 많은 이야기를 들려준 어르신이 되셨어요. 근무지를 옮기면서 이분과도 헤어지게 됐는데, 마지막 날에 어쩌나 섭섭해하시던지. 또 오라고, 다시 오라고 하셨던 모습이 눈에 선해요."

명제님은 올해 60세가 되었다. 노인의 일상을 돌보는 그녀도 5년 후엔 법적으로 연금 수령이 가능한 '노인'이 된다. 명제님은 자신보다 적게는 10년, 많게는 30년을 먼저 산 이들의 삶을 가까이에서 마주하고서야 정작 자신의 노년에 대해 깊이 고민해본 적이 없었다는 사실을 깨달았다고 했다. 그때부터 그녀가 만나는 노인 한 명 한 명의 삶은 명제님에게 각기 다른 모습의 미래로 다가왔다. 그리고 그렇게 마주한 시간들 속에서, 자신은 어떤 노년을 살아가고 싶은지 그려보는 일이 많아졌다.

"흔히 긍정적으로 살아야 한다, 부지런히 살아야 한다고 하잖아요. 그게 얼마나 중요한 일인지 어르신들을 보면서 몸소 느낄 때가 많아요. 제가 만났던 분 중에 97세인 어머님이 계셨는데 참 단정하고 정정하셨어요. 하루 루틴을 굉장히 중요하게 여기셔서 매일 아침 동네 한 바퀴를 꼭 걸으셨죠. 식사도 꼬박꼬박 본인 손으로 챙겨 드시고 청소도 먼지 내려앉는 일 없게 깔끔히 하셨고요. 텔레비전을 볼 때도 그냥 계시지 않고 운동 삼아 손바닥으로 공을 굴리셨어요. 그 연세에 손수 담은 식혜와 막걸리를 이웃들에게 나눠주고 여름엔 모시적삼에 풀을 먹여 입으셨으니 얼마나 놀라워요. 형편이 넉넉한 분이 아니라 작은 원룸에서 혼자 지내셨는데, 하루는 집에 갔더니 햇살 드는 창가 자리에 못 보던 화분이 하나 놓여 있더라고요. 그래서 슬며시 여쭤봤죠, 무슨 화분이냐고."

"무슨 화분이었나요?"

"목화씨를 심은 화분이었어요. 두 개를 심었는데 하나는 죽고 하나는 씨앗을 틔웠다고요. 내년 여름이면 꽃이 필 거라고 하셨어요. 당장 내일 삶이 끝난다 해도 이상할 게 없는 나이인데, 그럼에도 씨앗을 심는 마음이 뭘까. 그 마음을 계속 기억하고 싶죠. 최근에 만난 분은 94세 어머님이신데 그분도 참 비슷하세요. 매사에 긍정적이시고, 하루하루 할 일을 정해두고 되도록이면 꼭 지키려 하세요. 책을 좋아하셔서 집에 가면 늘 가까이에 책이 펼쳐져 있고, 멋쟁이셔서 다음 날 외출할 때 입을 옷은 상의부터 하의까지 미리 챙겨두시고요. 먼 거리도 꼭 버스를 타고 직접 다니세요. 그만큼 몸도 마음도 건강하신 거죠. 요즘엔 그분을 보면서 저도 많이 배워요. 나도 저렇게 늙고 싶다, 그런 생각을 자주 하게 돼요."

명제님이 들려준 두 할머니의 이야기는 내게도 희망으로 다가왔다. 닮고 싶은 노인, 닿고 싶은 노년의 이야기는 많으면 많을수록 좋았다. 마치 씨앗을 심듯, 다양한 노년의 모습을 마음속에 하나씩 담아두는 일. 그게 내가 나이 듦을 덜 두려워하는 방법이었다. 그리고 얼마 후 명제님을 따라 94세 할머니의 집을 함께 찾았다. 명제님이 미리 허락을 구해두었기에 가능한 방문이었다. 그곳이 바로 1208호 현애 할머니의 집이다.

잠깐의 커피포트 소동이 있은 뒤, 소파 앞 테이블에 뜨거운 커피 세 잔이 놓였다. 현애 할머니는 자리에 앉자마자 리모컨으로 텔레비전을 켜시더니 명제님에게 지난밤 억울한 일을 털어놓았다.

"테레비 소리 함 들어봐라. 소리가 크나?"

"아니예. 그렇게 안 큰데예. 와예?"

"어젯밤에 윗집에서 찾아와가 시끄럽다고 하대. 내는 항상 '5'로 맞춰놓거든."

"윗집이 좀 예민한가 봅니더. 밤에는 '4'로 낮춰 놓으이소."

그 말에 곧장 볼륨을 '4'로 낮추시더니, 이번엔 서랍장 위에 놓인 라디오에서 은색 안테나를 길게 뽑으셨다. 부러진 적이 있는지 안테나 중간 부분이 투명 테이프로 감싸져 있었다. 안테나 방향을 베란다 쪽으로 기울이자 지지직 잡음 소리와 함께 디제이의 목소리가 들렸다.

"라디오 소리는 어떻노?"

"쪼매만 줄여보이소."

"지금은 어떻노?"

"예. 지금이 딱 좋네예."

"괜찮나? 오늘 니한테 이거 물어보고 싶어서 안 기다렸나."

"그랬어예? 이만하면 적당합니더."

그제야 현애 할머니는 안심하신 듯 커피 한 모금을 드셨다. 한 사람의 생활에서 텔레비전과 라디오 볼륨 조절은 티도 안 나는 작은 일이지만, 누군가에겐 하룻밤을 속 썩이며 해결하고 싶은 일인 것이다. 그러니 할머니에게 명제님이 찾아온 아침이 이처럼 반가울 수밖에. 어느새 대화는 옆동에 혼자 사는 할머니 이야기며, 베란다에서 키우는 화분 이야기처럼 평범한 일상으로 자연스럽게 흘러갔다. 나는 말 대신 눈으로 조심스럽게 거실을 살폈다. 펼쳐진 책과 함께 놓인 돋보기, 탑처럼 쌓인 노트들, 달력에 적힌 '할 일' 목록이 눈에 들어왔다. 외출을 앞두신 건지 서랍장 위엔 상하의 옷가지와 시계도 가지런히 놓여 있었다. 이곳에서 두 사람이 함께 보냈을 시간들이 어렴풋이 그려졌다.

그 아침, 명제님과 나는 두유와 곶감까지 맛있게 다 먹고서야 집을 나섰다. 현애 할머니는 문 앞까지 나오셔서 우리가 엘리베이터에 오를 때까지 지켜봐주셨다. 이틀 후에 또 오겠다며 엘리베이터 안에서 마지막 인사를 나누던 순간, 조심히 가라고 손을 흔드는 할머니 뒤편으로 반쯤 열린 현관문 틈이 눈에 들어왔다. 그날 오전 내내 나는 어째선지 '틈새'라는 단어에 붙잡혀 있었다. 삶의 틈새. 마음의 틈새. 그리고 생각했다. 어쩌면 명제님과 그녀가 돌보는 어르신들은 바로 그 틈새에 함께 머무는 사이가 아닐까, 하고. 한 사람이 누군가를 기다리며 더는 믹스커피를 미리 타놓지 않게 되었을 때. 또 다른 누군가가 코끼리 그림을 그리던 낯선 이에게 불쑥 말을 걸고 싶어졌을 때. 그 순간, 그들의 삶에 생겨났을 작지만 환한 틈새처럼.

요즘도 가끔 그 아파트 앞을 지날 때면, 현애 할머니의 안부가 궁금해진다. 지난밤 미리 챙겨둔 옷을 차려입고 오늘도 성당에 다녀오셨을까. 텔레비전 소리는 무사히 해결되었을까. 그러다 문득 아파트의 수많은 창문을 올려다보면, 그 안에서 홀로 있을지도 모를 누군가를 상상하게 된다. 지금 그들 곁엔 누가 머무르고 있을까. "저 왔습니다" 하고 인사하며 익숙하게 현관문을 여는 명제님처럼, 그들에게도 반갑게 안부를 건네며 찾아오는 이가 있기를. 사람 곁엔 언제나 사람이 있기를, 바라게 된다.

✧ 주 대상은 65세 이상 기초생활수급자, 차상위계층, 기초연금 수급자 등이다.

그 많은 노인은 다 어디에 있을까

2024년 여름, JTBC는 폭염을 피해 인천공항으로 몰려든 노인들의 모습을 뉴스로 보도했다.9 영상 속에는 갈 곳 없는 노인들이 공항 곳곳에 모여 더위를 피하는 모습이 담겨 있었다. 혼자 의자에 앉아 믹스커피를 마시는 노인, 친구와 장기를 두는 노인, 돗자리를 깔고 쉬는 노인, 전망대에 앉아 비행기가 뜨고 내리는 걸 지켜보는 노인. 그들이 공항으로 모이는 이유는 대체로 비슷했다. 시원하고 넓고 사람 구경하기 좋아서. 그중 한 노인은 인천공항이 자신에게 '피신처' 같은 곳이라고 말했다. 여기에라도 나오지 않으면 하루가 너무 외롭고 무료해서 견디기 어렵다는 것이었다. "카페나 영화관엔 가지 않느냐"는 기자의 질문에, 또 다른 노인은 고개를 저으며 답했다.

"생전 안 가지. 노인들이 그런 데 가면 싫어하잖아요, 젊은 사람들이."

갈 곳 없는 노인들에게 또 다른 피신처는 지하철이다. 2023년 뉴욕타임스는 '나이 든 지하철 탑승자들이 여행에서 기쁨을 찾는다For South Korea's Senior Subway Riders, the Joy Is in the Journey'라는 제목의 기사를 통해 '지하철 여행'을 떠나는 한국 노인들의 목소리를 전했다.[10] 인테리어 디자이너로 일하다 은퇴한 이진호(85) 씨는 집 근처 4호선 수유역에서 출발해 하루 몇 시간을 지하철에서 보낸다. 그는 "시간을 보내는 데에 공짜로 지하철을 타는 것만큼 좋은 것이 없다"라며 "집에 있으면 심심해서 누워만 있게 된다"라고 말했다. 또 다른 여행자 배기만(91) 씨는, 지난해 70년을 함께한 아내를 떠나보낸 뒤 며칠 동안 씻지도, 밥을 먹지도 못했다. 그런 그에게 지하철 나들이는 다시 옷을 입게 하고, 밥을 챙겨 먹게 하고, 잠을 자게 하는 이유가 되어주었다. 서울 구석구석 못 가는 곳이 없는 지하철을 두고 '오아시스'라고 표현한 이도 있었다.

이 기사를 읽고 얼마 지나지 않아, 한 복지관에서 만난 할머니에게서 지하철 여행담을 듣게 되었다. 그녀의 이름은 경자.

5년 전 그녀가 예순일곱이던 해, 뇌졸중으로 쓰러진 남편이 얼마 버티지 못하고 세상을 떠났다. 그동안 모아둔 돈은 수술비로 다 써버리고 수중에 남은 건 몇백만 원이 전부였다. 어떻게 살아야 하나 눈물만 나던 그녀에게 손을 내민 건 서울에 혼자 살던 친척 동생이었다. "언니, 나랑 한 달만 같이 살아요"라는 말에 옷 몇 가지만 챙겨 서울로 간 그녀는 그 집에서 1년을 더 머물렀고, 동생을 따라 난생처음 지하철을 타봤다. 말로만 듣던 지하철은 버스보다 빠르고, 따뜻하고, 앉기도 더 편했다. 이렇게 좋은 게 공짜라니 나라님께 감사한 마음이 들었다. 엉킨 실처럼 느껴지던 노선도에 적응하자 그녀는 매일 아침 혼자서 생수와 삶은 계란 두 알을 챙겨 지하철역으로 갔다. 그러고는 제일 먼저 도착하는 열차에 몸을 싣고 창밖을 구경하다가 사람들이 우르르 내리는 역에 따라 내렸다. 그럴 땐 자신이 꼭 서울 사람이 된 것 같았다. 젊은 사람들 틈에서 한강도 보고, 테레비에서만 보던 경복궁도 보고, 어느 날엔 처음 보는 노인과 수다 떨며 인천에도 가봤다. 멀리 다녀온 날은 밤에 잠도 더 잘 왔다. 혼자서도 멀고 생경한 곳까지 갈 수 있다는 사실은 그녀에게 전에 없던 용기를 주었다. 경자님은 지금도 드라마에 지하철을 타는 장면이 나오면 유심히 쳐다본다고 했다. 혹시나 자신이 내려본 적 있는 역일까 궁금해서다. 그날 그녀는 여행담을 마무리하며 말했다. 그때만큼 자유롭게 세상을 구경하던 때는 없었노라고.

물론 '지하철 여행자'로 불리는 노인들을 바라보는 시선이 언제나 긍정적인 것만은 아니다. 지하철의 연이은 적자를 이유로, 노인 무임승차 제도를 폐지하거나 기준 연령을 상향 조정하자는 논의도 꾸준히 이어지고 있다. 하지만 뉴욕타임스는 같은 기사에서, 지하철 나들이가 한국 노인들에게 단순한 여가 활동을 넘어서는 의미라고 짚었다. 한국은 전 세계에서 노인 빈곤율이 가장 높은 나라 중 하나다. 2020년 경제협력개발기구OECD에서 발표한 보고서에 따르면, 한국의 66세 이상 인구 열 명 중 네 명(40.4퍼센트)이 빈곤 상태에 놓여 있으며, 이는 OECD 회원국 평균(14.2퍼센트)의 세 배에 가까운 수치다. 이처럼 경제적·사회적으로 고립된 노인을 위한 별도의 대안을 마련하지 않은 채 무임승차 폐지를 우선한다면, 그 결과는 결국 더 큰 사회적 비용 부담으로 되돌아올 수밖에 없다. 사회적 고립은 신체적·정신적 건강의 악화를 불러오고, 이는 곧 의료비 증가로 이어질 가능성이 크기 때문이다. 이미 한국은 OECD 국가 중 노인 자살률 1위 국가다. 그렇다면 그에 따른 책임은 기꺼이 감수할 준비가 되어 있는 것일까.

2025년 한국은 초고령사회(전체 인구 중 65세 이상 노인 인구가

20퍼센트 이상)에 진입했다. 사회구성원 다섯 명 중 한 명이 65세 이상 노인인 현실은 내가 사는 지역에도 그대로 적용된다. 현재 이곳의 인구가 약 100만 명이니, 약 20만 명의 노인과 함께 살아가고 있는 셈이다. 그렇다면 그 많은 노인은 지금 어디에서 무엇을 하고 있을까.

가장 쉽게 떠올릴 수 있는 곳은 노인복지관과 경로당이다. 실제로 앞서 언급한 두 기사에는 '왜 갈 곳이 없느냐. 노인들은 복지관이나 경로당에 가면 되지 않느냐'라는 댓글이 공통으로 달렸다. 자신들의 노년은 두 개의 선택지로 이미 충분하다는 것처럼. 마침 집 근처에 규모가 큰 노인복지관이 있어 나는 종종 그곳을 찾아갔다. 이용자가 몰리는 점심시간 대에 방문하면 로비부터 식당, 물리치료실, 강의실, 노래방, 장기방 등 복지관 곳곳이 노인들로 붐비는 모습을 볼 수 있었다. 특히 복지관은 신체 활동에 큰 어려움이 없는 이들이 주로 '여가 활동'을 목적으로 이용하기 때문에 보다 적극적인 노년의 활기를 느낄 수 있었다. 하지만 모든 노인이 복지관을 만족스럽게 이용하는 것은 아니다. 애초에 복지관을 이용하고 싶어도 여건상 이용이 어려운 이들이 많다. 우선 노인 인구에 비해 복지관 수가 절대적으로 부족한 데다 대부분 도심에 위치해 있기 때문이다. 보건복지부 통계(2020년 기준)에 따르면, 전국 기초 지방자치단체가운데 노인복지관이 없는 곳은 서른여덟 곳에 이른다. 또한 이용 정보를 얻을 수 없거나, 시설이나 프로그램에 대한 만족도가 낮거나, 소액이라도 부담이 되는 이용료 때문에 망설이기도 한다. 복지관을 '선택지'로 삼기 어려운 이유는 아주 다양하다.

그렇다면 경로당은 어떨까. 경로당은 복지관에 비해 이용자의 연령대가 더 높은 편이며, 주된 목적도 여가 활동보다는 '친목 도모'나 '점심 식사'에 가깝다. 하지만 오랫동안 노인들의 사랑방처럼 여겨지던 경로당도 점차 외면받고 있다. 보건복지부에 따르면, 전국의 경로당 수는 2008년 5만 7,930개에서 2023년 6만 8,792개로 증가했지만, 같은 기간 경로당 이용률은 46.9퍼센트에서 26.5퍼센트로 감소했다. 지난 16년 동안 경로당의 수는 늘었지만, 노인들의 실질적인 이용은 오히려 줄어든 것이다. 그 이유는 무엇일까. 서울복지재단이 2024년, 경로당을 이용하지 않는 만 70세 이상 노인 259명을 대상으로 한 설문에서 가장 높은 응답률을 기록한 이유는 이랬다.

"나이 많은 노인만 있는 곳이라 가기 싫다(37.4퍼센트)."

경로당 역시 고령화의 그늘에서 자유롭지 못한 셈이다. 이와 관련해, 나는 이웃 할머니에게서 좀 더 구체적인 이야기를 들을 수 있었다.

"지금 경로당이 다 오래됐잖아요. 공간도 협소하고 보수할

곳도 많고. 경로당에 있는 사람들 나이가 다 팔십 중반, 구십이 넘어가니까 팔십인 나도 거기 가면 막내뻘이에요. 이 나이에 거기 가서 밥하고 어른들 심부름을 해야 하는데 그걸 누가 하려고 하겠어요. 그리고 요즘 젊은 노인들은 더 배웠다고 하잖아요. 거기서 세대 차이가 나는 거예요. 젊은 사람들이랑 노인들만 세대 차이 나는 게 아니고요. 가만히 누워서 테레비나 보고 화투나 치고 자식 자랑 듣는 게 요즘 노인들과는 안 맞는 거죠."

그럼 할머니는 주로 어디서 시간을 보내시는지 여쭈었더니, 이렇게 답하셨다.

"작년에만 해도 합창단도 하고, 노인일자리도 하고, 복지관도 종종 나갔었는데 걷는 게 힘들어져서 다 그만둬버렸어요. 그렇다고 경로당엔 가기 싫고 집에만 있자니 답답하고. 우리 집 아들은 카페 가서 수다라도 떨라고 하는데 요즘 커피값이 좀 비싼가요. 그런 데도 젊을 때부터 많이 가본 사람들만 가는 거죠. 그러니까 아침엔 도서관에 잠깐 갔다가 점심 먹고는 공원에 몇 시간씩 앉아 있는 거예요. 노인들이 어디에서 무얼 하나 궁금하댔죠? 낮에 공원 한번 걸어보세요. 외롭고 심심한 노인들이 거기 다 모여 있어요."

할머니의 말은 사실이었다. 지난 몇 달간 내가 복지시설이 아닌 곳에서 노인들을 가장 자주 목격한 장소는, '앉을 자리'가 마련된 바깥 공간이었다. 예를 들면 공원과 인도의 벤치, 육교 아래 공터, 아파트 정자, 버스정류장 쉼터, 하천의 돌계단 같은 곳들. 공통점은 사람들이 많이 지나가는 곳이라는 점. 겨울엔 볕이 잘 들고, 여름엔 그늘이 시원한 자리라는 점이다. 앉을 자리가 마땅치 않은 곳엔, 그들이 하나둘 구해온 의자들이 놓여 있었다. 색깔도, 크기도, 모양과 높낮이도 제각각인 의자들. 길을 걷다 문득 "여기에 왜 의자가 있지?" 하고 의아해지는 곳이 있다면, 높은 확률로 그곳은 노인들의 자리다. 물론 처음부터 그들의 모습이 눈에 띄었던 것은 아니었다. 책을 쓰며 노인을 궁금해하는 마음이 점점 커질수록, 전에는 '없는 줄 알았던' 그들의 자리가 하나둘 눈에 들어오기 시작했다. 매일 반복하며 지나던 길 위에 이토록 많은 노인이 있었다니. 그 변화는 지금도 나로 하여금 내가 어떤 존재에게 시선을 두지 않고 살아가고 있는지를 되묻게 한다. 그리고 얼마 후, 생활지원사로 근무하는 명제님이 들려준 이야기는 내게 또 다른 자리를 보여주었다.

"제가 돌보는 한 할아버지는 친구분들이랑 모이는 아지트가 있으시대요. 롯데마트 근처에 화단 있고 벤치 있는 곳 아시죠? 거기가 햇볕이 잘 들어서, 겨울에도 그럭저럭 버틸 만하신가 봐요. 거기서 어르신들이 커피도 뽑아 드시고, 이야기 좀 나누다가, 너무 춥다 싶으면 마트 안에 잠깐 들어가 몸 좀 녹이고 다시 나오신대요. 마트 안은 앉을 데도 없고, 눈치 보이니까 오래는 못 계시고요. 또 어떤 할머니는요, 너무 추운 날엔 카트를 끌고 1층부터 꼭대기까지 천천히 도신대요. 운동도 되고, 구경도 되고, 무엇보다 따뜻하니까요. 겸사겸사 좋으신 거죠. 근데 또 빈손으로 나오긴 미안하니까, 조그만 거라도 하나 사서 나오신다고요. 그 얘기를 듣고 나니까, 마트에서 빈 카트를 끄는 어르신을 보면 괜히 눈길이 가더라고요."

 어느 겨울. 집으로 돌아가는 길에 한 쇼핑몰 앞 벤치에서 두 노인이 마주 앉아 장기를 두는 모습을 본 적이 있다. 일행처럼 보이는 서너 명의 노인들은 벤치를 둘러싸고 서서 그들의 경기를 지켜보고 있었다. 영하의 날씨였고, 모두 두꺼운 외투에 털모자, 장갑까지 착용한 모습이었다. 옆 벤치에는 그들이 먹다 남긴 새우깡이 널브러져 있었다. 추위에 몸을 움츠린 채 그곳을 지나가던 나는, '왜 하필 저기서 장기를 두는 걸까?' 의아해하며 금세 시선을 거두었다. 솔직히 말해, 보기 좋지 않다고 생각했다. 하지만 지금은 비슷한 장면을 마주치면 그들이 왜 그 자리에 있을 수밖에 없는지를 헤아려보려고 한다. 노인들에겐 지금 그 자리가 스스로 선택 가능한 최선의 자리일지도 모른다고. 언제나 모두가 유리한 조건 속에 사는 건 아니라는 사실도.

그런 다음 노인들이 머무를 수 있는 더 좋은 자리들을 궁리해본다. 만약 '노인에게 필요한 자리'를 상상하는 일이 막연하게 느껴진다면, 질문을 이렇게 바꿔보면 된다.

'노인이 된 나에게는 어떤 자리가 필요할까.'

아직은 먼일처럼 느껴진다 해도, 사실 이 질문은 시의적절하다. 결국 그것은 언젠가 나와 당신이 머무르게 될 자리를 그려보는 일이기 때문이다. 우리가 바라는 그 자리에, 크기와 색깔, 모양과 높낮이가 제각각인 다양한 의자들이 놓여 있는 풍경을 떠올려본다. 언젠가 그곳에서 외롭고 심심한 우리가 만난다면 좋겠다.

아직은 살아볼 만한 세상

'독거노인 안부 묻기' 봉사활동을 시작한 지 반년이 넘은 어느 날이었다. 언제나처럼 연락 대상자 명단을 확인하던 중 심장이 툭 내려앉는 기분을 느꼈다. 정 할머니의 이름 위로 붉은 선 두 줄이 그어져 있었기 때문이다. 반듯하게 그어진 줄 끝에는 '사망'이라는 단어가 적혀 있었다. 너무 갑작스러운 일이라 눈앞의 단어가 어떤 의미인지 단번에 이해되지 않았다. 불과 일주일 전까지 나와 이야기를 나누었던 사람이 세상을 떠났다는 사실이 좀처럼 실감 나지 않았다.

지난겨울부터 봄까지, 정 할머니와 나는 스무 번이 넘는 통화를 했다. 이름만 보아도 할머니의 허스키한 목소리가 머릿속으로 재생됐다. 지난주 마지막으로 통화한 기억을 떠올리며 상담 일지를 들춰보았다. ○월 ○일, 오후 3시 30분. 평소보다 목소리에 기운이 없으셔서 무슨 일이 있느냐고 여쭈었고, 할머니는 병원에 막 다녀온 참이라고 하셨다. 최근 들어 소화가 되지 않아 위내시경 검사를 했는데 식도염이 심한 것 빼고는 큰 이상이 없었다고. 대신 긴장을 해서 그런지 몸에 기운이 없어 누워 있노라고.

그 말에 나는 어떤 대답을 했었나. 입맛이 없어도 죽은 꼭 챙겨 드시고, 오늘은 출근하지 말고 푹 쉬시라고 말씀드렸다. 정 할머니는 근처 어린이집에서 노인일자리로 근무하고 계셨는데, 설거지와 청소를 하고 나면 매번 다리가 후들거릴 만큼 힘들다고 하셨기 때문이다. 내 말에 정 할머니는 그래도 어떻게 출근을 안 할 수가 있겠느냐며, 얼굴이라도 비추고 오겠다고 하셨다. 늘 그랬듯 힘든 일일랑 툭툭 털어버리듯 말씀하시는 목소리로 통화 끝엔 "감사합니다. 선생님"을 잊지 않고서.

이 봉사활동을 하면서 언젠가는 누군가의 부고를 듣게 될 거라고 짐작은 했었다. 전화를 걸어도 연결되지 않는 분이 계시면, 혹시나 하는 마음에 수화기를 내려놓는 마음이 편치 않았다. 그럴 때면 시간차를 두고 한 번 더 전화를 걸었다. 길게 이어지던 통화연결음이 멈추는 순간, 그제야 조마조마했던 마음도 안심이 됐다. 나는 정 할머니 이름에 그어진 빨간 줄을 다시 바라보았다. 마지막 통화 후 일주일 사이, 한 사람의 생이 저물었다. 수화기 너머 분명하게 존재했던 하나의 삶이 사라졌다. 쉽사리 다른 분들에게 전화를 걸지 못하고 10분쯤 멍하니 앉아 있었다. 그동안 정 할머니와 나눴던 대화들이 두서없이 떠올랐다.

가장 먼저 떠오른 건 몹시 추운 겨울, 몸살에 걸린 정 할머니와 나눈 통화였다. 난방은 따뜻하게 하고 계시냐고 여쭈었더니 보일러는 꺼둔 채 전기장판만 켜고 지낸다고 하셨다. 도시가스 요금이 무서워 올겨울엔 한 번도 보일러를 켜지 않았다고. 그 말에 놀라 "조금이라도 틀어두세요. 더 아프시면 어떡해요" 하고 말씀드렸지만 지난겨울 내내 정 할머니는 '보일러는 틀고 계시냐'는 내 물음에 매번 같은 대답을 하셨다.
"괜찮아요. 아직은, 아직까지는 버틸 만해요."
그리고 얼마 전, 할머니는 동사무소 직원이 기초생활 수급자 상담을 위해 집에 다녀갔다고 하셨다. 덕분에 생활이 조금은 펴질 것 같다고, 할머니와 나는 같이 기뻐했었다. 그날 통화에서 내가 가장 먼저 떠올린 것은 할머니 방을 가득 채운 따뜻한 훈기였다. 겨울 내내 잔뜩 웅크리고 계셨을 할머니 몸을, 천천히 펴주었을 그 훈기.

이런 날도 있었다. 할머니에게 전화를 걸었지만, 한 번에 연결되지 않은 날이었다. 30분쯤 지나 다시 전화를 걸었을 때, "예~, 선생님"하고 반갑게 인사하는 익숙한 목소리가 들려왔다.

"할머니. 어디 다녀오셨어요?"

"허리가 아파서 병원에 갔다가 방금 집에 들어오는 길이에요."

"전화를 안 받으셔서 걱정했어요."

"그러셨구나. 제가 휴대전화를 집에 두고 나갔거든요."

그러고는 무슨 우스운 일이라도 떠오른 듯, 할머니는 웃음을 터뜨리셨다.

"오늘 재미있는 일 있으셨어요?"

"안 그래도 조금 전에 옆집 사는 할아버지가 우리 집에 와서 고래고래 소리를 지르고 가셨거든요."

"왜요?"

"그 할아버지 취미가 아침마다 동네 노인들 살아 있는지 확인하고 다니는 거예요. 오늘 아침에도 우리 집 앞에서 제 이름을 부르는데, 대답도 안 하고 전화도 안 받으니까, 무슨 일 난 줄 아셨나 봐요. 좀 전에 저를 보더니 '할망구가 왜 전화기를 안 가지고 다녀! 죽은 줄 알았잖아!' 하고 소리를 꽥 지르고 가셨어요. 아이고, 우스워라."

할머니의 말을 듣고 나도 따라 웃었다. 매일 아침 이웃 노인들의 안부를 확인하러 다니는 그 할아버지의 모습이 괜히 궁금해졌다. 걱정했다는 말 대신 "죽은 줄 알았잖아!" 하고 괴팍하게 쏘아붙이고 돌아선 할아버지는, 어떤 사람일까.

"그 할아버지는 하루하루가 참 바쁘시겠어요. 그래도 좋은 이웃을 두셨네요."

"예, 선생님. 그래서 저는 오늘 그런 생각을 했어요."

"어떤 생각이요?"

"뉴스를 틀면 온통 나쁜 놈들 천지잖아요. 그래도 세상엔 좋은 사람이 더 많은 것 같아요."

"정말 그럴까요? 좋은 사람이 더 많을까요?"

"그럼요. 제가 살아보니 그래요. 아직은 살아볼 만한 세상이에요."

아직은 살아볼 만한 세상이라고 말하는 목소리가 떠올라 마음 한켠에 서늘한 바람이 일었다. 지금은 정 할머니의 목소리를 선명하게 떠올릴 수 있지만, 오래지 않아 희미해져 잊힐 것이다. 그다음엔 이름도, 우리가 나눈 대화들도 가물가물해지겠지. 그래도 어쩐지 그 말만은, 좋은 사람들이 있어 여전히 이 세상은 살아볼 만하다는 말은, 내 마음 어딘가에 남아서 웅크리고 구겨진 한구석을 펴주었으면 한다. 아직은, 이라는 말을 지지대 삼아 끝내 세상의 좋음을 믿고 살아온 한 사람의 말을 나도 믿으며 살아보고 싶다.

잘하는 사람

 봄에서 여름까지, 작은 어촌 마을에서 주민들과 자서전 쓰기 수업을 함께했다. 청년 축에 속하는 60세 이장님부터 중절모를 꼭 쓰고 오는 80대 어르신까지. 자신의 인생을 글로 남기겠다고 모인 이들과 매주 다른 주제로 글을 써 내려갔다. 그들이 평생을 살아온 바닷가 마을은 나와 같은 시에 속해 있지만, 이름도 들어본 적 없는 곳이었다. 멀지 않은 곳에 이런 마을이 있었다니. 교실로 쓰는 마을복지회관 2층에서 창문을 열면, 손 닿을 듯한 거리에 바다가 펼쳐져 있었다.

 첫 수업은 다섯 가지 질문에 답하는 형식으로 자기소개 글을 썼다. 나의 이야기를 글로 풀어내는 연습을 하기 위해서였다. 질문은 이렇게 준비했다.

'내가 살던 고향은 어떤 곳이었나요? 그곳의 풍경과 소리, 냄새를 함께 떠올려봅시다.'

'나의 이름엔 어떤 뜻이 담겨 있나요? <u>스스로 짓고 싶은 이름이 있다면 같이 알려주세요.</u>'

'내가 사는 집을 자세히 묘사해볼 수 있나요?'

'내가 가장 잘하는 것은 무엇인가요?'

'지금 가장 바라는 건 무엇인가요?'

완성한 글은 한 사람씩 차례대로 소리 내어 읽었다. 이름에 얽힌 사연이 나올 때, 한 할아버지는 자신의 이름이 쭉 뻗은 '철도'에서 따온 것이라 했다. 한국전쟁으로 자식들을 여럿 떠나보낸 부모는 다섯째 아이의 이름에 그들이 아는 가장 튼튼한 길을 심어주었다. 부디 너만큼은 철길처럼 길게 살아남으라는 바람이었다. 이름 덕분일까. 할아버지는 여든이 넘은 지금도, 혼자서 바위를 오르내릴 만큼 정정하다. 또 다른 할아버지 이름엔 '영원할 영' 자가 들어 있다고 했다. 그 시절엔 그저 오래 사는 것이 가장 큰 바람이었던 것이다.

그들의 이야기를 들으며 나도 따라서, 내 이름에 담긴 뜻을 들려주었다. 하늘에 뜬 보름달처럼 세상을 밝게 비추는 아이가 되라며 내 할아버지가 지어준 이름. 가끔 사람들에게 '달님'이라는 이름의 유래를 들려주다 보면, 오래전 내 이름을 처음 불렀을 사람들의 모습을 떠올리게 된다. 내가 처음 받은 사랑을 되짚어보게 된다. 그러다 문득 이름에 '철도'가 들어 있는 이도, '영원할 영'을 한자로 쓰는 이도 한때는 아주 어린아이였다는 사실이 새삼스럽게 다가왔다. 지금 가장 바라는 것이 "자식들 고생 안 시키고 자는 중에 조용히 가는 것"이라고 말하는 그들에게도, 열 살을 넘기고, 스무 살을 넘기는 걸 보며 마음 놓았을 젊은 부모가 있었을 것이다. 가끔 나는 그런 착각에 빠진다. 어린아이를 볼 땐 그들이 영원히 어린아이로 머물지 않을 것을 알면서도, 노인을 바라볼 땐 그들이 줄곧 노인이었던 것만 같은 착각에.

가장 어려워한 질문은 '내가 가장 잘하는 것'이었다. "잘하는 게 없다"라고 말하는 그들에게 "아주 사소한 것도 괜찮으니 천천히 떠올려보세요"라고 했다. 예를 들면 우리 할아버지는 손으로 못 하는 것이 없었다고 이야기해주었다. 도배도 잘하고, 수리도 잘하고, 살림도 잘해서 말 그대로 생활의 전문가였다고. 우리 할머니는 눈이 밝아 세상의 예쁨을 누구보다 잘 발견하는 사람이었다고도 일러주었다. 그들이 종이에 적어낸 '내가 가장 잘하는 것'은 이런 것들이었다.

- 나는 갈치를 잘 잡는다.
- 나는 좋은 생선을 잘 알아본다.
- 나는 김치찌개와 미역국을 잘 끓인다.
- 나는 소소하게 고장 난 것들을 손으로 잘 고친다.
- 나는 식혜를 맛있게 잘 만든다.
- 나는 블루베리 농사를 잘 짓는다.
- 나는 열을 벌면 그중 다섯은 꼭 저금한다.
- 나는 사람들을 잘 웃긴다.

 나는 어른들이 말한 '내가 가장 잘하는 것'이 남들이 쉽게 주목하지 않는 삶의 소질이라는 점도 좋았지만, 조금은 머쓱해하면서도 또렷한 목소리로 자신의 잘함을 드러내는 모습이 더 깊이 마음에 남았다. 한 사람의 노인을 바라볼 때 그가 가진 취약함이 아니라, 무엇을 잘하는 사람인지 먼저 궁금해할 수 있다면 우리가 나눌 수 있는 이야기도 조금은 달라지지 않을까. 한 사람이 가장 잘하는 일은 대개 그 사람이 어떤 것에 시간과 마음을 쏟으며 살아왔는지 말해주니까.

 이후 나는 만나는 어른마다 그들이 무엇을 가장 잘하는 사람인지 묻고 다녔다. 어떤 이는 죽은 화분도 정성으로 살려내는 데 선수라고 했고, 한 번 운전해서 간 길은 절대 잊어버리지 않는다는 이도 있었다. 알고 보니 40년 넘게 택시 기사로 일한 분이었다. 누구보다 나쁜 일을 잘 잊어버린다는 이도, 함께 사는 강아지를 가장 사랑할 줄 안다는 이도 있었다. 그러다 하루는 공원에서 만난 한 할머니가 내게 물었다. 그러는 작가 선생은 글 쓰는 거 말고 무엇을 가장 잘하느냐고. 질문이 돌아올 줄 몰랐던 탓에 곧바로 대답이 떠오르지 않았다. 게다가 '글쓰기 말고' 내가 가장 잘하는 것이라니. 그런 게 있기는 한가. 머릿속으로 곰곰 떠올리다가, 옆자리에 앉아 나의 대답을 기다리는 할머니와 눈이 마주쳤다. 그동안 "당신의 이야기를 듣고 싶다"라며 다가서서 마주했던 많은 눈들이 떠올랐다. 나와 함께 살아가는 노년을 궁금해하고, 그들의 이야기를 기억하기. 그건 내가 가장 잘하는 일이었다.

나도 이제 노인이 됐나 봐요

선생님. 이제는 제가 정말 노인이 되는가 봐요. 그동안은
내 나이가 여든이어도 그냥 나이 들었구나 생각했지
노인이라고는 생각 안 했거든요. 며칠 전엔 버스를 타는데
젊은 사람이 뛰어오길래 그 사람 먼저 태우고 내가 뒤따라
탔어요. 그러니까 대뜸 버스 기사가 소리를 치는 거예요.
왜 노인이 뒤에 타냐고. 타는 시간 오래 걸리게.
그 소리에 놀라서 미안합니다, 그랬지요. 그냥 내가 죄송한
일 같더라고요. 자리에 앉으면서도 아이고, 내가 노인이
됐구나. 큰일이다 싶고 마음이 영 서럽대요. 이제는 버스
탈 때마다 막 가슴이 두근거려요. 누가 또 뭐라고 할까 봐서.

이제는 나이 들면 몸에 바람이 든다는 것도 무슨 말인지
알겠어요. 봄바람은 살랑살랑 부는데 그 바람에도 어깨가
시리고 무릎이 시리고. 몇 년 전만 해도 어디 아픈 걸 잘
모르고 살았거든요. 이제는 안 아픈 데가 없어요. 젊을
때야 머리 아프면 한숨 자면 낫고 배 아프면 한 끼 굶으면
낫고 그랬는데 이제는 잠도 잘 안 오고요. 자꾸 몸이

아프니까 마음도 약해져요. 옛날 일을 생각하면 서글프고
마음에도 바람이 들어요. 마음이 막 쓰잔해져요.

쓰잔하다는 건 어떤 거예요?

모르겠어요. 나도 모르게 쓰잔하다는 말이 나와버렸네.
쓰잔하다, 쓰잔하다. 옛날을 떠올리면요, 선생님.
오래전에 내 맘에 쿵 박힌 것들이 이렇게 돌멩이가
되어가지고 아직 여기 있구나 느껴지거든요. 그런 게
쓰잔하지요. 산다는 게요, 늙는다는 게 그래요. 각자
자기 보께또(주머니)에 버리지도 못하는 작은 돌,
큰 돌 하나씩 넣고 사는 거예요. 죽는 날까지 그렇게.

에필로그 실패담으로만 끝나지 않는 이야기

  이 책을 쓰는 동안, 그 어느 때보다 실패하는 마음에 대해 자주 생각했다. 그리고 동시에 그 마음이 어째서 희망이 될 수 있는지를 내내 궁금해했다.

  이를테면 나는, 인터뷰를 준비하는 데 실패했다.

  그동안 여러 매거진에서 에디터로 일하며 다양한 직업군의 인물들을 인터뷰해왔다. 이 일이 아니었다면 접점이 없었을 사람들과의 대화는 늘 즐거우면서도 긴장이 됐다. 그들이 속한 세계를 잘 모른다는 감각 때문이었다. 취재 방향에 어긋나지 않게 관련 자료를 꼼꼼히 찾아 읽고, 인터뷰이의 기존 기사나 SNS를 살피며 질문지를 완성해나갔다. 그런 준비가 곧 인터뷰어의 전문성이라 믿었다.

  하지만 노년을 만나 인터뷰하는 일은 달랐다. 대부분 우연한 만남으로 대화가 갑작스레 시작되었고, 미리 약속하고 만난다 해도 사전에 알 수 있는 정보가 거의 없었다. 이름과 나이대, 그를 알게 된 경로 정도로 우리가 나누게 될 이야기를 겨우 짐작할 수 있을 뿐이었다. 나는 몇 가지 궁금한 주제를 정리해두고, 최대한 자연스럽게 말을 이어가기 위해 그 내용을 외운 채로 약속 장소로 향하곤 했다. 하지만 막상 대화가 시작되면, 준비한 질문들은 좀처럼 꺼내지 못했다. 하나의 질문에서 시작된 이야기가 대부분 예기치 못한 방향으로 흘러갔기 때문이다. 노년의 외로움을 묻고 싶었는데 광화문 집회에서 바라본 젊은이들의 불빛 이야기를 듣게 되고, 노인일자리가 궁금했는데 그 일을 통해 맺은 우정 이야기가 펼쳐지는 식이었다.

처음엔 당황했지만, 대화의 경험이 쌓일수록 우연히 다른 곳으로 흘러가는 이야기를 더 좋아하게 되었다. 그 이야기야말로 그들이 정말 하고 싶은 말이었을 테니까. 듣다 보면 미처 떠올리지 못한 물음이 생겨났고, 그 물음이 또 다른 이야기를 불러왔다. 어느 순간부터는 질문지를 따로 준비하지 않게 되었다. '이 이야기를 꼭 듣고 싶다'라는 목표보다, 당신이 들려주는 어떤 이야기든 듣고 싶다는 마음으로 다가섰다. 그들을 만나기 위해 내가 준비한 건 오직 궁금해하는 마음뿐이었다. 인터뷰를 하러 가는 길엔 이런 생각이 따라붙곤 했다. 오늘은 어떤 뜻밖의 이야기를 듣게 될까. 그 이야기로 내 안의 무엇이 달라질까. 그 기대감이 나에겐 희망이었다.

그리고 나는, 그 만남을 온전하게 글로 옮기지 못했다.

노년의 삶을 마주하고 이야기를 나누는 동안, '잊지 못할 이야기'를 듣고 있다는 확신이 드는 순간들이 있었다. 그 벅찬 순간을 글로 적으려고 할 때마다 번번이 표현의 한계에 부딪혔다. 내가 느낀 감동보다 문장 속 감동이 언제나 작게만 느껴졌고, 글에 다 담지 못한 그들의 이야기가 오히려 더 생생하게 다가왔다. "삶이 글보다 크다"라는 문장을 실감하는 날들이었다. 그럴수록 마음에 겸손이 깃들었다. 나는 실제의 삶보다 더 나은 글을 쓸 수 없다. 다만 온 마음을 기울여 전하려 애쓸 뿐이다. 그리고 앞으로도 그렇게 애쓰며 살고 싶었다. 그 마음이 내게 희망이 되었다.

나는 더 많은 노년 이야기를 담고 싶었지만 그러지 못했다.

노년의 삶에 관심을 기울일수록, 그동안은 눈에 띄지 않았던 노년의 모습, 모른다는 사실조차 몰랐던 그들의 세계가 하나씩 또렷해졌다. 내 곁에 이렇게나 많은 노년이 존재한다는 것, 그들이 저마다 다른 모습으로 살아가고 있다는 사실은 매번 나를 놀라게 했다. 그래서 더 많은 노년을 만나 더 다양한 이야기를 담아내고 싶었다. 그러지 못한 것 같아 여전히 아쉬움이 남지만, 어느 순간 이런 생각에 닿게 되었다. 책에 담지 못한 이야기가 훨씬 더 많다는 건, 어쩌면 너무도 당연한 일이 아닐까. 그리고 그 사실이 오히려 희망이 될 수도 있지 않을까. 아직 만나고 싶은 삶이 있고, 듣고 싶은 이야기가 남아 있다는 뜻이니까. 그러니 이 책은 어디까지나 나의 한계 안에서 내가 만난 노년에 대한 기록일 뿐이다. 이제는 그 한계를 반갑게 받아들이고 다음으로 나아가고 싶다. 책은 끝났지만 나는 여전히 그들이 궁금하니까. 그리고 이제는 독자들과 함께 궁금해할 수 있게 되었으니까.

그러한 실패를 겪는 동안에도 《뜻밖의 우정》을 쓸 수 있어서 좋았다. 이 마음만은 결코 실패가 아니다. 프롤로그에서 말했듯, 이 책이 노년을 탐구한 여정의 기록이라면 그 시작과 끝에 선 나는 분명 달라져 있어야 한다. 여정이란 본래 그런 것이니까. 돌이켜보면, 나에게 가장 크게 남은 변화는 이제는 내가 이 여정을 통해 '어떤 이야기를 가장 듣고 싶어했는지' 스스로 알게 되었다는 점이다. 노년의 시간에도 슬픔 못지않은 분명한 기쁨이 존재한다는 것. 소중한 것들을 하나씩 떠나보내는 날들 속에도, 나를 살게 하는 무언가가 새롭게 다가오기도 한다는 것. 그때에도 여전히 사랑과 우정 속에 머무르며 나답게 살아갈 수 있다는 것. 그 기대를 곁에 둘 수 있게 되었다는 사실이 지금 나에겐 가장 큰 희망이다.

살아 있는 한, 나 역시 내가 만난 그들과 크게 다르지 않은 모습으로 나이 들어갈 것이다. 그러다 보면 어느 순간에, "그때 그 이야기가 바로 지금을 말하고 있었구나" 하고 실감하는 날도 찾아올 것이다. 그 순간 나는 어떤 얼굴을 하고 있을까. 이승기 선생님이 내게 건넨 당부처럼, 부디 좋은 이야기 속에서 살아가고 있기를 바랄 뿐이다.

어느 날엔 사람들 앞에서 부끄러움을 잊고 춤을 추고, 여전히 모르는 내 모습이 있다는 사실에 기분 좋은 배신감을 느끼고, 그러다 희한하게 미운 마음 하나 들지 않는 친구를 사귀고, 때로는 좋아하는 일에 전력투구하면서, 보행기 안에 노란 소국 한 단을 넣고 집으로 돌아가기를. "이래서 인생은 끝까지 살아

봐야 한다는 걸까" 말하며 놀라기도 하고, 어둔 밤에는 오늘 하루도 잘 보냈다고, 내일 하루도 깨워달라고 기도하며 잠에 들기를. 언제나 삶을 아까워하기를.

약속 장소에 먼저 도착해 이곳으로 오기로 한 친구를 기다리는 마음으로, 한 걸음씩 분명하게 오고 있을 나의 노년을 그려본다. 지금 여기에서 내가 쓴 이야기가 나보다 먼저 멀리 가 있다는 사실이 마음에 든다. 그곳으로 가보고 싶다.

부록   우정의 이름으로

명제

미애

복덕

순자

승기

애자

옥순

우경

윤자

정열

홍자

출처

1, 2 《늙어감을 사랑하게 된 사람들》의 저자 김영옥, 통영 티페스타 강연 중에서, 2023.10.21.

3 〈내 손으로 준비하는 내 마지막 축제〉, 한겨레21, 2024.11.28.

4 《마음챙김의 시》, 류시화, 수오서재

5 기획 시리즈 '미씽, 사라진 당신을 찾아서', 〈"남편 사라진 그날, 내 세상도 멈췄다"… 어제도 치매로 40명 실종 신고〉, 한국일보, 2023.09.18.

6 '남편이 사라졌다' 이지윤 씨 인터뷰, 한국일보, 2023.09.15.

7 《누구나 혼자인 시대의 죽음》, 우에노 치즈코, 어른의 시간

8 《세계도시정책동향》 제448호, 〈외로운 노인에 24시간 전화 서비스 (독일 베를린市)〉, 서울연구원, 2019.02.07.

9 〈"눈치 보여서" 공항으로…여전히 갈 곳 없는 노인들〉, JTBC 뉴스룸, 2023.08.25.

10 〈"젊은이 앞엔 서지 않는다"…NYT, 지하철 무료 승차 한국 노인 집중 보도〉, 조선비즈, 2023.09.24.